图解

◎ 徐 椿 主编

汽车驾驶

速 成

Vehicle Driving

机械工业出版社

CHINA MACHINE PRESS

本书根据《中华人民共和国道路交通安全法》及其他道路交通法规，结合编者多年的驾驶教学和行车经验编写。本书详细讲解了成为一名优秀驾驶人应知应会的要点要领，主要内容包括汽车驾驶基本常识要点、汽车驾驶基础操作要领、式样场地驾驶操作要领、预见性驾驶操作要领、复杂道路驾驶操作要点、城市道路驾驶操作要点、高速公路驾驶操作要点、不同时段驾驶操作要点、不同季节驾驶操作要点、紧急状态下驾驶操作要点和安全驾驶相关知识要点。

本书内容简洁精练，图解直观准确，语言通俗易懂，方便实车操作，适合汽车驾驶人和汽车爱好者阅读参考。

图书在版编目（CIP）数据

图解汽车驾驶速成/ 徐椿主编. —北京：机械工业出版社，2016.9（2024.9 重印）
ISBN 978 - 7 - 111 - 54853 - 9

Ⅰ.①图… Ⅱ.①徐… Ⅲ.①汽车驾驶-图解
Ⅳ.①U471.1-64

中国版本图书馆 CIP 数据核字（2016）第 221524 号

机械工业出版社（北京市百万庄大街22号 邮政编码100037）
策划编辑：陈玉芝 责任编辑：陈玉芝 陈 洁
责任校对：刘秀芝 版式设计：张文贵
封面设计：张 静 责任印制：常天培
固安县铭成印刷有限公司印刷

2024 年 9 月第 1 版·第 5 次印刷
169mm×239mm·12.25 印张·205 千字
标准书号：ISBN 978 - 7 - 111 - 54853 - 9
定价：39.80 元

学会开车、安全驾驶已不再是谋生的手段，而是社会生活的必备技能。但许多拥有了爱车或正想拥有爱车的朋友却遇到了不少麻烦：看到别人轻松地考取驾照，自如地驾车驰骋在繁华都市、穿行于崇山峻岭、出没在荒漠高原，自由地享受着驾驶的乐趣，羡慕得不行，而自己却一上车就发蒙，一上路就发晕，一遇到情况就发慌……感觉自己"天赋"不够，天生就不是开车的"料"！

现在好了，您不必羡慕，也不用气馁，这些麻烦我们帮您解决，只要您认真细心地读完本书，掌握书中所述要点和要领，在实践中加以体会运用，您就可以轻松自如地驾车，潇潇洒洒地出行。

本书特色鲜明，用图示的形式，详细解读了学会开车并熟练驾驶的各个步骤环节；用最简练的文字、最通俗的语言准确地讲解了驾车应知应会的要点和要领，方便实践运用，可助您"轻松驾车路上行"。

本书由徐椿任主编，李辉、孟骁任副主编，参加编写的还有毛振春、傅志国、肖文卓、羊晓巍、潘建华、高海龙、朱聪功、牛继坤。其中，徐椿编写了第1、第5~7章，李辉编写了第2、第10章孟骁编写了第3、第4、第11章，其余人员编写了第8、第9章。本书由宋传平主审。

由于编写时间仓促，加之编者水平所限，书中难免有不妥之处，竭诚欢迎广大读者批评指正。

编　者

Contents
目录

第8章 不同时段驾驶操作要点

第9章 不同季节驾驶操作要点

第10章 紧急状态下驾驶操作要点

第1章

汽车驾驶基本常识要点

第一节 上下车与驾驶姿势要点

01 上车要点

1）上车前应绕行汽车一周，观察车体周围是否有人和障碍物，特别是有无玩耍的儿童，以及车底情况（如车底有无小动物或刮擦底盘的凸起物等），如图1-1所示。

2）上车要一气呵成，防止额头碰及轿车门栏，做到既安全又潇洒。

①开车门时，行至驾驶室左侧，身体对准车门缝，伸左手握住门把手，打开车门，如图1-2所示。

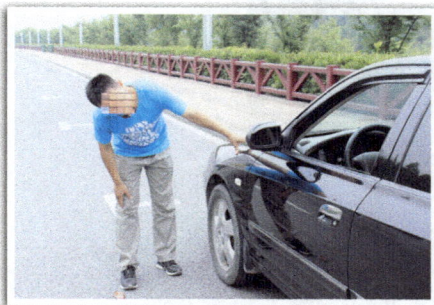

图1-1 检查汽车周围

图1-2 开车门

②进入驾驶室时，腰微弯曲，侧身，右手移至转向盘处，右脚和身体顺势进入驾驶室，如图1-3所示。

3）关车门要讲究方式方法，用力既不能过大也不能过小，过大伤及车门，过小则难以将车门关闭严实。

①关门时，首先将车门拉到距离关闭位置10cm左右，然后再稍用力将车门关上。这样，既能确保车门关闭严实，又能避免因用力过大伤及车门，如图1-4所示。

图1-3　进入驾驶室

图1-4　关车门

②关闭车门后，用力将车门向外推一推，以确信车门是否锁牢。确定锁牢后，左手应移至转向盘左上方，并调整好驾驶姿势，如图1-5所示。

图1-5　坐入驾驶室

02　下车要点

1）从内后视镜和外后视镜观察车辆左右两侧和后面有无其他车辆和行人。若有其他车辆或行人靠近，并且距离较近，速度较快时，不可匆忙开门，以防事故发生。若其他车辆或行人距离较远，速度较慢，可快速开门下车，如图1-6所示。

2）打开车门锁时，先将车门稍微打开一点，缓慢而平衡地将车门向外稍稍推开 10cm 左右，如图 1-7 所示。

3）探出头来，再次观察车辆左侧及后侧，确认安全后，再开车门，如图 1-8 所示。

4）下车时，右手抓住转向盘，左手扶住车门，先将左脚伸出到地面，随之将头移到车外，再顺利下车，如图 1-9 所示。下车动作力求快速。

图 1-6　观察后方交通情况

图 1-7　打开车门锁

图 1-8　再次观察确认

图 1-9　下车

5）关车门前，首先确定车窗玻璃应处于完全升起状态，然后，将门关到距离关闭位置 10cm 左右，再稍微用力将门关严。用钥匙锁门或按下锁车按钮，或者用遥控装置锁门。各种车型的锁车方法不完全相同，锁上后要确认锁好才能离开，如图 1-10 所示。

图 1-10　关车门

03　安全带的使用要点

1）为了在汽车发生事故时，有最安全的保护，驾驶人在开车前必须系好安全带。安全带的基本结构如图1－11所示。

2）安全带的检查方法是：缓慢用手将安全带拉出时，安全带应能顺畅地从卷绕器中拉出；猛地拉安全带时，应无法拉动，如图1－12所示。否则，说明安全带工作失效。

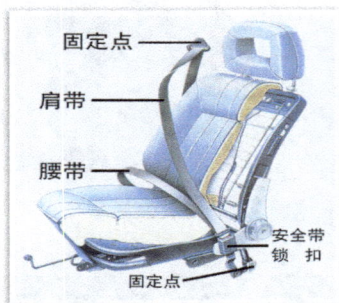

图1－11　安全带的基本结构

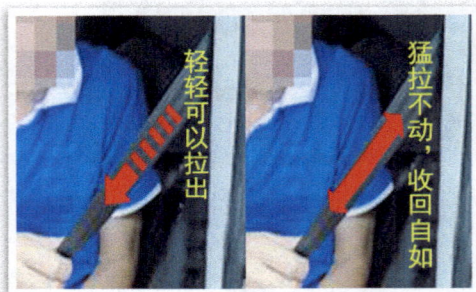

图1－12　安全带的检查

3）佩戴安全带时，使安全带位于肩与颈根之间，并通过胸部的适当位置，再将搭扣插头插入插座的插孔里即可，如图1－13所示。

4）解脱安全带时，用拇指按下搭扣插座上端的按钮，插头便会从插座中脱出，如图1－14所示。

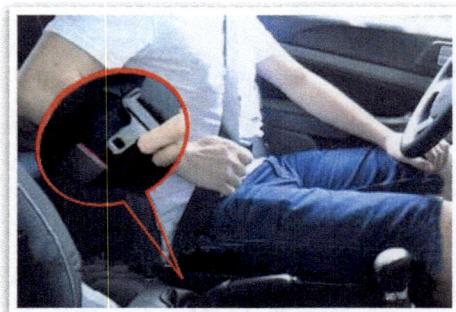

图1－13　安全带的佩戴

图1－14　安全带的解脱

04　驾驶姿势要点

（1）上车后的驾驶姿势

1）身体对正转向盘坐稳，深深地坐在座椅后部，腰部和肩部靠在椅背上（座位不合适应予以调整），上身正直，胸部微挺；头部端正，微收下颌，颈部肌肉自然放松；两眼平视前方，看远顾近，并注意两边，如图1-15所示。

2）两手分别握住转向盘的左右两侧（见图1-16），两肘保持舒适的微曲状态并自然下垂，切忌完全伸直。

图1-15　上车后的驾驶姿势

图1-16　正确放置双手

3）两膝自然分开，两腿不得紧靠或叉开太远，如图1-17所示；左脚放在离合器踏板下方，右脚掌放在加速踏板上，右脚跟应靠在驾驶室底板上。

4）上身不得离开靠背向前探视，如图1-18所示。

图1-17　两腿的正确位置

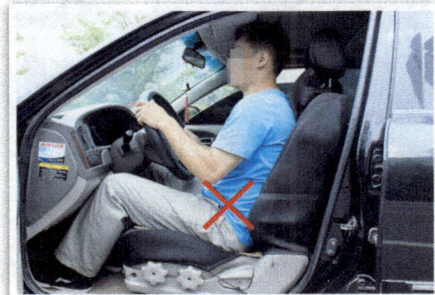

图1-18　上身过于靠前

5）上身不得后仰成躺卧状，如图1-19所示。

图 1-19　上身过于靠后

（2）前进时的驾驶姿势

1）前进时身体应对正转向盘，左手握在转向盘的左上方（时钟的 9～10 点位置），右手握在转向盘的右下方（时钟的 3～4 点位置），如图 1-20 所示。

2）换档时，左手握稳转向盘，右手操纵变速杆，上身保持正直，不可侧向一边，如图 1-21 所示；同时，两眼注视前方，不准窥视下方。

图 1-20　前进时双手的位置

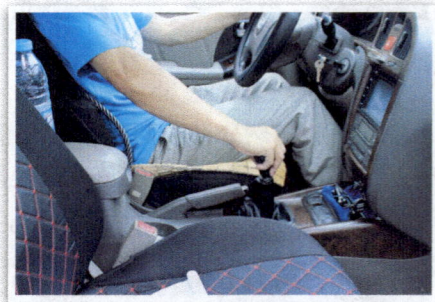

图 1-21　换档时手的位置

3）行驶中，不准将左臂放在车门窗框上，用右手单独操纵转向盘，如图 1-22 所示。

（3）不正确的驾驶姿势

1）向前俯身。驾驶人的身体未保持挺直，胸部前倾，给人以身体趴在转向盘上的感觉，如图 1-23 所示。这种姿势通常发生在眼睛近视和平时就有点弓背的驾驶人身上。这种情况，一是会导致双臂操作转向盘不灵便；二是由于胸部与转向盘距离过近，一旦发生碰撞，安全气囊弹开时会对身体造成一定的冲击；三是系带安全带后，安全带会压迫肩部导致酸痛。正确的姿势是双臂伸直正好使左右两手分别搭在 11 点与 1 点位置，此时胸部与转向盘距离一般在 20 ~ 30cm。

图 1-22　行驶时驾驶人的错误姿势

图 1-23　不正确的驾驶姿势（向前俯身）

2）向后仰。驾驶人的身体向后完全靠在座椅靠背上，身体与转向盘形成较大的角度，给人以向后仰及紧张的感觉，如图 1-24 所示。这种姿势影响驾驶人的视野。这种情况会使双臂操作转向盘不灵便，此外驾驶时间稍长，会形成腰部疲劳，若是身材矮小的驾驶人，会导致视线被转向盘遮挡。

3）坐得太高。有的驾驶人身材高大或将车辆座椅调得过高，使转向盘靠近小腹，与驾驶人头部形成较大的俯冲角度，如图 1-25 所示。这种情况经常会发生在女性驾驶人身上，由于身材娇小，只有座位调得较高，才能观察到车辆前方的情况。这种姿势没有什么严重的不良影响，但是一旦过颠簸路段，如果车速没有控制好，车内剧烈颠簸，驾驶人的头部容易碰到车辆顶部。此外，驾驶人上下车时，头部容易磕碰到车门框。

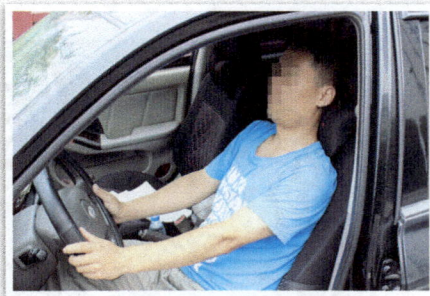

图 1-24　不正确的驾驶姿势（向后仰）

图 1-25　坐得太高

4）过分紧张。有的驾驶人，尤其是刚刚学会驾驶上路的驾驶人，坐在驾驶座位上肌肉僵直，动作机械，目光呆板，给人以不协调的感觉，如图1－26所示。这种情况经常发生在刚刚学会驾驶车辆的驾驶人身上，如驾驶培训期间的学员，刚刚取得驾驶证单独驾驶车辆的驾驶人等。过分紧张会导致驾驶人视线只关注车辆前方的交通情况，容易忽略道路上的交通标志、交通信号、交通标线等信号，也容易忽略仪表板上的各种警示信号。为了正确克服这种情况，驾驶人应在车辆起动前把行车路线在脑海中过一遍，把每个路口的交通情况回想一下，把心情放轻松，按照操作要领一步一步来。待

图1－26　过分紧张

驾驶时间长了，积累了一定的经验，自然会减少紧张情绪。

第二节　常用仪表识别要点

01　转速表的识别

转速表指示发动机每分钟的转速，单位为"r/min"，如图1－27所示。转速表上标有红色示警限数，当转速达到红色区域时，应放松加速踏板或降低档位，以降低发动机转速。

02　车速里程表的识别

车速里程表可指示汽车行驶速度及汽车累计行驶总里程。车速的单位为"km/h"，里程的单位为"km"。进口汽车的车速表标有"SPEED"字样，单位也是"km/h"，如图1－28所示。

图1－27　转速表

图 1-28　车速里程表

03　水温表的识别

水温表显示汽车发动机冷却液的温度，单位为"℃"。进口汽车的水温表有"TEMP"字样，通常用"℃"表示，也有少数用"℉"（华氏温度）表示。标有字母"H""C"的水温表，指针指向"H"线表示冷却液温度过热，指向"C"线表示冷却液温度过低，指向两个字母之间位置表示冷却液温度正常，如图 1-29 所示。一般情况下，汽车起步温度必须达到 50℃ 以上，正常行驶温度应保持在 80～90℃。当温度在 50℃ 以下时，应避免发动机高速、大负荷运转。行驶中，若指针摆到 100℃，应立即停驶，让发

图 1-29　水温表

动机怠速运转，检查冷却系统或冷却液的液面高度，必要时添加冷却液。

04　燃油表的识别

燃油表用以指示燃油箱内的存油量，打开点火开关，指针摆向的位置，指示燃油箱内的燃油存量。表上标有"0""1/2""1"三个读数，分别表示"空""一半""满"。进口汽车上的燃油表上大都有"FUEL"字样，指针指向"F"表示满，指向"E"表示空，如图 1-30 所示。

图 1-30　燃油表

第三节　信号装置识别使用要点

01　电源指示灯的识别

电源指示灯显示各用电设备或相关部件的工作情况。当电源指示灯亮时，表示该用电设备或工作部件电源接通，如图 1-31 所示。当发动机起动后，电源指示灯应当熄灭。若指示灯仍亮，表示发电机已经不再发电。

图 1-31　电源指示灯

02　发动机故障警告灯的识别

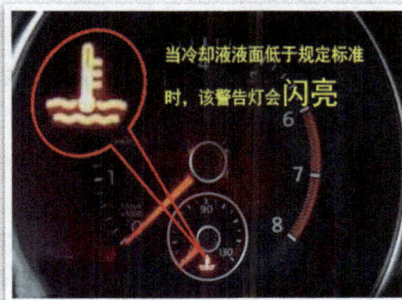

接通点火开关时，发动机故障警告灯点亮，起动发动机后在系统没有故障的情况下应立即熄灭，此时，表示发动机各项功能正常；否则，就表示发动机控制系统中有故障，如图1－32所示。对于不同汽车，有些厂家设计的是警告灯光闪烁，有些厂家设计的是警告灯光常亮。

03　冷却液液面警告灯的识别

冷却液液面警告灯是检测冷却液液面高度的显示装置。冷却液液面过低，散热器会过热，甚至出现"开锅"现象，影响发动机工作。轻则出现发动机"叫杆"现象，增加发动机的磨损；严重的会造成发动机缸筒和活塞的拉伤。当发动机的冷却液量少时，必须及时添加同一牌号规格的产品进行补充。如果在行车途中冷却液液面警告灯闪亮，作为临时措施，也可以添加常用的食用蒸馏水，如图1－33所示。

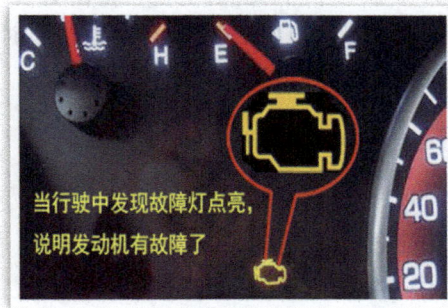

图1－32　发动机故障警告灯　　　　图1－33　冷却液液面警告灯

04　制动液警告灯的识别

正常时接通点火开关，拉紧驻车制动操纵杆，警告灯亮；松开驻车制动操纵杆后，警告灯应熄灭。如果警告灯常亮，就表示驻车制动操纵杆没有放松到底，或者制动液不足，如图1－34所示。

05 安全气囊警告灯的识别

当点火开关接通时，安全气囊警告灯应点亮，数秒钟后应立即关闭；如果不关闭或行驶时灯开始闪亮，则表示安全气囊有故障，如图 1－35 所示。

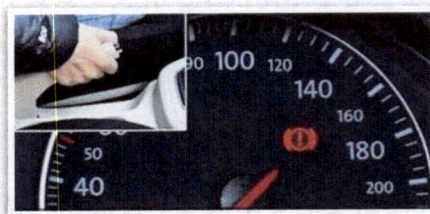

图 1－34　制动液警告灯

图 1－35　安全气囊警告灯

06 ABS 警告灯的识别

在发动机起动后，ABS 警告灯不熄灭或在行驶中突然闪亮，就表示 ABS 出现了故障，车轮的防抱死功能失去作用；当汽车行驶到比较湿滑的路面时，常规制动系统的制动抱死打滑现象就会出现，如图 1－36 所示。

07 燃油量警告灯的识别

当燃油箱中燃油的储量接近下限时，燃油量警告灯亮起，警告驾驶人燃油量不足，这时必须添加燃油；当燃油箱中燃油的储量正常时，燃油量警告灯亮起，说明燃油警告灯线路有故障，如图 1－37 所示。

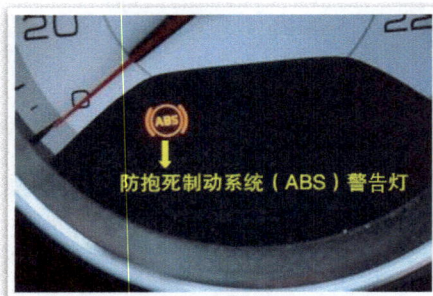

图 1－36　ABS 警告灯

图 1－37　燃油量警告灯

08　温度警告器的识别

温度警告器由高温报警传感器与报警灯组成。当冷却液温度过高或冷却液液面过低时，报警灯亮。无水温报警灯监测电路的汽车，点火开关位于起动档位时，报警灯亮；点火开关位于正常点火档位时，报警灯不亮，如图1-38所示。

09　开门报警灯的识别

开门报警灯是车门打开时的指示灯，车上任何一扇车门打开或关闭不严时，指示灯亮，颜色为红色或黄色。部分汽车设有左右两侧车门指示灯，分别指示左侧或右侧一侧车门打开或关闭不严，如图1-39所示。

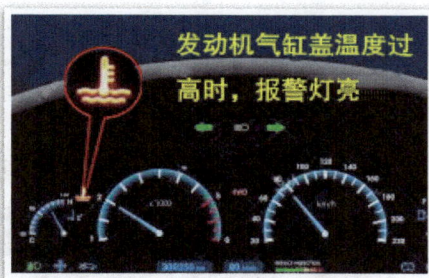

图 1-38　温度警告器

图 1-39　开门报警灯

10　安全带报警灯的识别

安全带报警灯是提示安全带是否断开的指示灯。安全带搭扣的插头未插入插座的插孔里时，指示灯亮，颜色为红色；插头插入插孔里时，指示灯灭，如图1-40所示。

11　倒车信号指示灯及倒车报警器的识别

倒车信号指示灯及报警器是倒车时的报警装置。将变速杆挂入倒档时，倒车信号灯亮，报警器发出断续的报警声，如图1-41所示。

图 1-40　安全带报警灯

图 1-41　倒车报警器

第四节　汽车操纵装置使用要点

01　转向盘操纵要点

（1）转向盘的正确握法　一般情况下，如果将转向盘看作钟表的盘面，则左手应握在 9~10 点的位置，右手握在 3~4 点的位置，双手呈左高右低状操纵转向盘最为合理。这样握转向盘，当右手在操纵变速杆等其他机件时，用左手单独操纵转向盘的影响很小，比较安全，如图 1-42 所示。

（2）转向盘的错误握法　转向盘的不正确握法，如图 1-43 所示。

图 1-42　转向盘的正确握法

图 1-43　转向盘的错误握法

①手指紧扣两侧的转向盘②手指紧扣下端的转向盘③手指紧扣上端的转向盘

（3）转向盘的操纵　操纵转向盘时，依靠手腕、肩部、手指的力量，轻揉协调地操控转向盘。转动时要双手操作，以一只手上推，另一只手就下拉的方式接力转动转向盘，如图1-44所示。

图1-44　转向盘的操纵

（4）转向盘的回位　回转转向盘时，仍以一手为主，一手为辅，两手互相配合交替接送例如，转向盘向左回转时，以右手为主推送，左手为辅接位，如图1-45a。若仍不够转向时，右手继续推向11点位置，左手握在1点位置，向左拉，如图1-45b。也可利用复原力，转回转向盘，使转向盘自动回位。在快速回转时，驾驶人可放松手掌，让转向盘自行快速回正，但并不是任其自行旋转，双手仍需扶着转向盘，保持随时可以控制的状态。

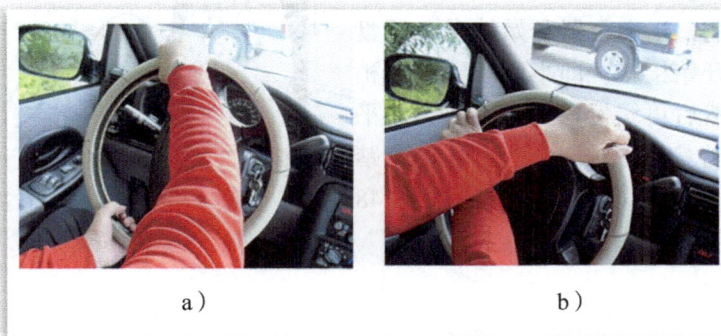

a）　　　　　　　　　　　　　b）

图1-45　转向盘的回位
a）转向盘向左回转操作　b）转向不够时的操作

（5）转向盘的微调　在平直道路上直线行驶时，采用"修正法"来掌握转向盘较为有效。所谓修正法，就是微调，每次的调整幅度控制在30°之内，当方向偏离行驶中线时稍做调整，这样可以保证车辆平稳行驶，如图1-46所示。

02　离合器踏板操纵要点

（1）离合器踏板的合适踩踏位置　将左脚置于离合器上，使用前脚掌踏下或放松踏板。踏下离合器后，脚跟不得靠在驾驶室底板上，避免力量不够或下滑，如图1-47所示。

图1-46　转向盘的微调

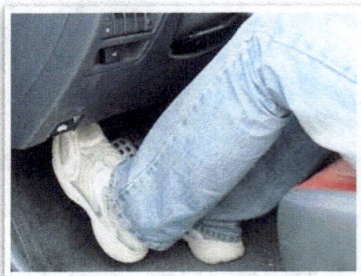

图1-47　离合器的合适踩踏位置

（2）离合器踏板的踩踏与回位　踩离合器踏板时，应该一次到位；回位时自然地将膝盖上抬，按照"快—停—慢"的操作要领松开离合器踏板，即开始应快一些，当离合器开始结合（压盘与从动盘开始接触，即半联动）时，稍做停顿，然后再缓慢松抬，使离合器平稳接合，待完全松开后，左脚离开踏板，放在踏板的左下方，如图1-48所示。

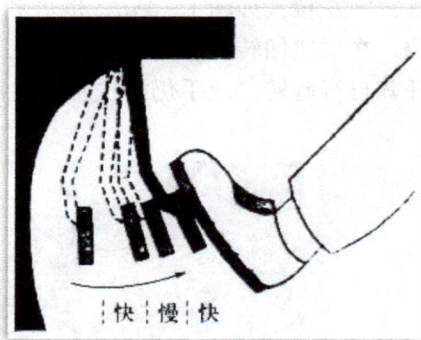

图1-48　离合器踏板的踩踏与回位

03　制动踏板操纵要点

（1）制动踏板的合适踩踏位置　踩踏制动踏板时，用右脚掌踏在制动踏板的正中，以脚跟为支点，以右膝关节伸屈力为主，脚踝关节伸屈力为辅，踏下或抬起制动踏板，如图1-49所示。操作时的脚位必须准确，不得滑脱。

（2）制动踏板的踩踏　为了有效地使用制动踏板，当右脚踏在制动踏板上时，应先将踏板轻轻压下，消除其自由行程。需要减速时，用力不宜过猛，可以轻踏轻抬，直至平稳地将车速减慢；遇到紧急情况，需要紧急制动时，应迅速将制动踏板踏下，要一脚踏到底。制动踏板的抬起，动作应果断、迅速、敏捷，如图1-50所示。

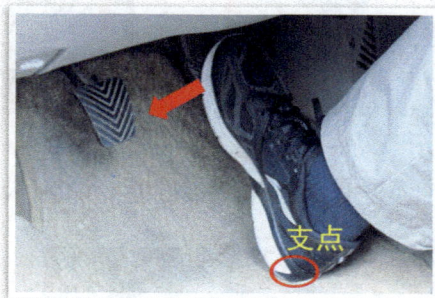

图1-49　制动踏板的合适踩踏位置

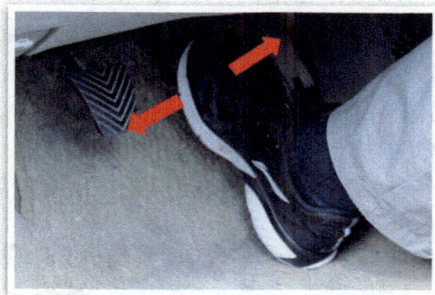

图1-50　制动踏板的踩踏

04　加速踏板操纵要点

（1）加速踏板的合适踩踏位置　操纵加速踏板时，右脚靠在驾驶室的地板上，近似于正对踏板，以脚跟为支点，脚掌平直踏在踏板上，利用踝关节的伸屈动作，靠脚掌的力量踏下或放松踏板。操纵加速踏板要做到轻踏缓抬，不可忽踏忽抬或连续抖动，如图1-51所示。

（2）加速踏板的踩踏　操纵加速踏板时，用力要平稳，轻踏缓抬。行驶中踏下加速踏板的程度，要根据道路情况和行驶车速的不断变化而变化，适时地改变踏下或抬起的程度，有效控制行驶车速。在使加速踏板回位时，脚跟不动，将脚尖抬起，如图1-52所示。

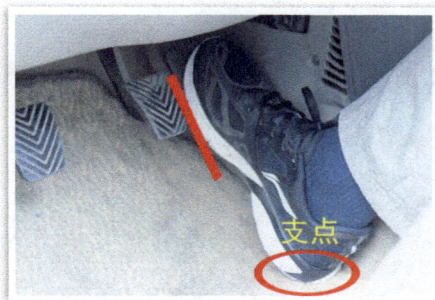

图1-51　加速踏板的合适踩踏位置

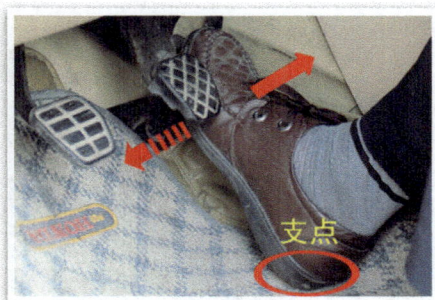

图1-52　加速踏板的使用

05 变速杆操纵要点

（1）变速杆的正确握法　用手掌贴住变速杆球头，五指向下握住球头和部分杆身。不可握得太紧，以手腕和肘关节的力量为主，肩关节为辅，随着推、拉方向的变化，掌心贴球头的方向做适当变化，准确地挂入或脱出某一选定的档位，如图1-53所示。

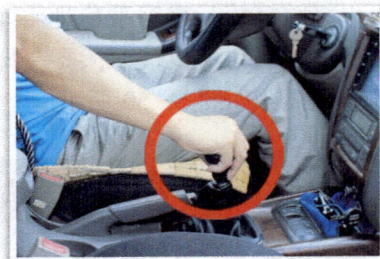

图1-53　变速杆的正确握法

（2）变速杆的错误握法　最常见的两种变速杆的错误握法如图1-54所示。

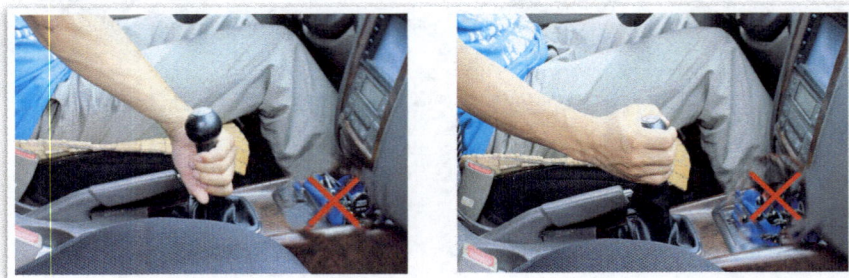

图1-54　最常见的两种变速杆的错误握法

（3）手动变速杆的使用　操纵变速杆时，两眼目视前方，左手于9～10点位置握转向盘，右手握变速杆球头。每次换档时，必须经过空档位置，然后接近需要挂入的档位，轻轻用力挂入，不得强推硬拉，更不得使齿轮发生撞击响声，避免造成变速器齿轮的损坏，如图1-55所示。

（4）自动档汽车变速杆的使用　操作时，按下变速杆锁止按钮，根据需要挂入相应档位：D为前进档位，R为倒车档位，P为停车档位，N为空档位，L为低速爬坡档位，如图1-56所示。

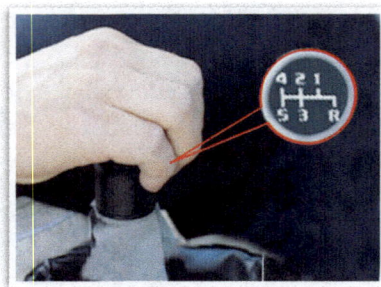

图1-55　手动变速杆的使用

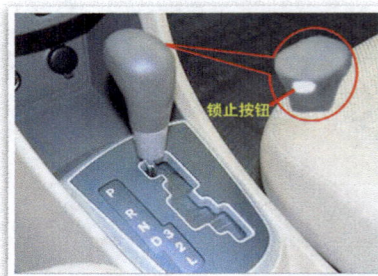

图1-56　自动档汽车变速杆的使用

06　驻车制动操纵杆操纵要点

（1）驻车制动操作杆的握法　右手拇指按在驻车制动操纵杆顶部的锁止按钮上，其余四指并拢，虎口向上，握住驻车制动操纵杆，如图 1–57 所示。

（2）驻车制动操纵杆的操纵　拉起时（不得按下锁止按钮），四指用力将操纵杆向上拉紧，即起制动作用，同时制动警报灯亮。放松时，先将驻车制动操纵杆稍向后拉，右手拇指压下锁止按钮，然后手掌用力，将操纵杆向前推到底，使其完全放松，驻车制动即解除，如图 1–58 所示。

图 1–57　驻车制动操纵杆的握法　　　　图 1–58　驻车制动操纵杆的操纵

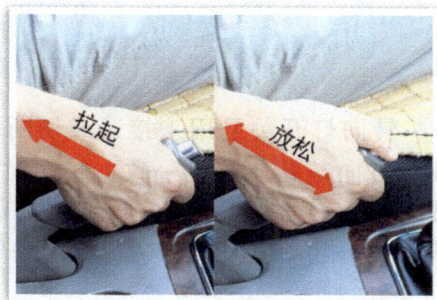

07　喇叭使用要点

喇叭是为了提醒和警告行人及其他车辆注意避让的装置，按下喇叭按钮，喇叭就会发出鸣叫声，放松按钮，声音就会停止。汽车的喇叭按钮一般位于转向盘顶端，少数汽车安装在一侧手柄或组合开关上。为便于右手操作更多的机件，一般使用左手按压喇叭。按压时用力适度，按压时间可视交通情况采取长鸣、间歇长鸣、连续短促鸣等，如图 1–59 所示。

08　点火开关使用要点

点火开关大多数安装在转向盘的右下方，一般有 4 个位置，如图 1–60 所示。LOCK：点火开关断开，发动机熄火，拔出钥匙后可锁住转向盘；ACC：临时停车，关闭点火开关；ON：发动机正常工作；START：起动发动机。

图 1-59 喇叭的使用

图 1-60 点火开关的使用

09 转向灯开关使用要点

转向灯开关是用来接通或切断汽车左右两侧转向指示灯电源的。其拨转方向与转向趋势一致,转向时拨动转向开关,相应的转向灯亮。拨转时力度要合适,过小则无法打开,过大则易将开关折断,如图 1-61 所示。

10 车灯开关使用要点

车灯开关用于控制全车灯光。大多数车辆的车灯开关安装在转向盘左下方位置,用左手操纵,常见的有旋转式和拨杆式。无论是旋转式还是拨杆式,操作时用力都要适度,避免损伤开关,如图 1-62 所示。

图 1-61 转向灯开关的使用

图 1-62 车灯开关的使用

11　变光开关使用要点

当车灯总开关全部接通时，可以通过变光开关实现汽车前照灯远光、近光的交替变化。操作时用力要适度，如图 1 - 63 所示。

12　刮水器开关使用要点

刮水器开关是控制刮水器的操作装置，大多数安装在转向盘右下方转向柱上，用右手操纵。将开关手柄向下拉或向上推，可选择不同的刮刷档位。在同一档位下，有的刮水器可以通过旋转按钮进行微调。驾驶人也可以通过相应的按钮向风窗玻璃喷射玻璃水，以清洗玻璃上的渍迹。后窗玻璃带有刮水器的汽车，其操纵按钮一般也在刮水器开关上。需要特别注意的是：空刮会伤害玻璃和刮水器上的橡胶片，所以，在刮洗时一定要喷出玻璃水，如图 1 - 64 所示。

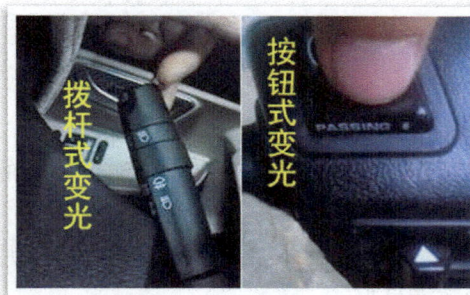

图 1 - 63　变光开关的使用

图 1 - 64　刮水器开关的使用

第五节　出车前的检查要点

01　驾驶室的检查

驾驶室的检查如图 1 - 65 所示。

1）检查制动踏板与驾驶室地板之间的距离，以保证制动效果。

2）拉起、放下驻车制动操纵杆，确认抬起和放下行程的距离是否合适，驻车制动效果是否良好。

3）检查发动机的点火情况，听有无异常声音，观察怠速状态是否良好。

4）检查操纵装置是否操作自如，是否有卡滞的现象，能否操纵到位。

5）检查安全带是否拉动自如，如有损坏应立即更换。

6）感受一下座椅的前后距离和靠背角度是否合适，如果感觉座位不适时，可对坐垫的位置进行相应的调整。

图 1-65　驾驶室的检查

7）通过仪表查看汽车发动机、安全气囊、ABS 的指示灯是否正常，如有问题，应及时维修。

8）查看仪表板等部位是否干净整洁。

02　发动机舱的检查

发动机舱的检查如图 1-66 所示。

1）检查车辆冷却液（防冻液）液面，不足时要补充至合适位置。

2）检查机油量是否合适，发动机底部是否漏油。机油位应在油尺刻度的上限与下限之间。若油面过低，需要添加；若油面过高，应查明原因。

3）检查制动液的液面是否符合要求，不足时要补加。检查制动蹄摩擦片的磨损状况，避免磨损过度，确保制动效能良好。

4）检查传动带是否有耗损，传动带挠度是否符合要求。

5）检查蓄电池电解液的液面高度及密度是否合乎标准。电解液的液面高出极板 10~15mm 为正常；如液面低，需补充蒸馏水。如果蓄电池起动电压过低，则应及时更换。

6）检查刮水器是否工作正常且有弹性，玻璃水是否充足，喷水泵能否

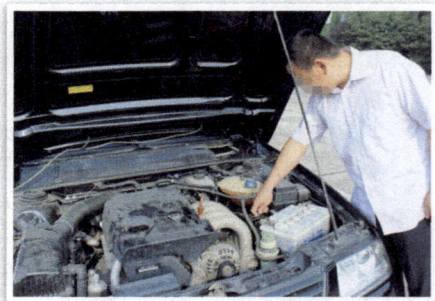
图 1-66　发动机舱的检查

正常工作。刮水器若有毁损，一定要换掉，并确保玻璃清洁剂量在 2/3 以上。

03　汽车外部的检查

汽车外部的检查如图 1-67 所示。

1）检查燃油是否满足出行要求，不提倡满油行车，也不许自带燃油。

2）检查汽车的照明、信号、喇叭、门锁、玻璃升降器是否能正常使用，转向灯的闪烁是否正常，灯罩上有无污渍和损坏。

3）汽车牌照有无污渍和损坏（临时号牌应分别放置或粘贴在便于车外观察的风窗玻璃和后窗玻璃处）。

4）检查轮胎气压是否符合标准，特别是别忘了检查备胎的胎压，是否出现老化裂纹或创伤，防止长途旅行时爆胎，并带足备用胎。

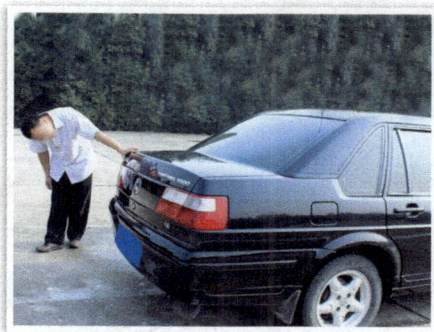

图 1-67　汽车外部的检查

5）把后视镜调整到便于观察后方的最佳位置，以便及时观察车后和两侧的交通情况。

6）检查零件有无松动，配件表面有无磨损，防护表层是否完好。

第 2 章

汽车驾驶基础操作要领

第一节　发动机的起动、升温操作要领

01　发动机的起动要领

　　在起动发动机之前，驾驶人应确认驻车制动操纵杆处于拉紧状态，变速杆放在空档位。然后，踏下离合器踏板，在将点火开关接通Ⅲ档位置的同时，稍踏加速踏板。在发动机起动后，应迅速松开点火开关钥匙，使其自动回位。而后，驾驶人轻踏加速踏板，在发动机运转平稳后，以匀速放松离合器踏板，使发动机保持低速运转，切忌出现猛踏加速踏板（轰油）的不良习惯。待发动机运转正常，水温达

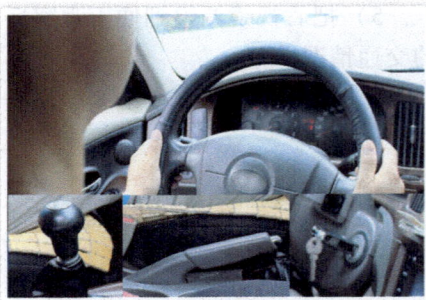

图 2-1　发动机的起动要领

到50℃以上时，即可挂档起步。发动机起动要领如图 2-1 所示。

02　发动机的升温要领

　　在冬季低温情况下起动发动机时，应采用降低发动机机油的黏度，减小曲轴转动阻力，提高发动机所需的工作混合气浓度等有效措施。起动时，先将热水或蒸汽注入冷却系统进行预热（有冷车加热装置的可使用其进行加热），待发动机温度升高至 30~40℃时方可起动。在升温过程中，驾驶人不得

猛踩加速踏板，以免加剧机件的磨损，如图 2 - 2 所示。

图 2 - 2　轻踩加速踏板使发动机升温

第二节　起步、加档、加速操作要领

01　起步要领

（1）一般道路上的起步　驾驶人上车后，检视车前、车后有无障碍物，然后做好驾驶姿势、座椅、安全带和后视镜等相关内容的调整和检查，如图 2-3所示。接通点火开关，切断离合器，将变速杆置入 1 档，放松驻车制动操纵杆；再次通过后视镜观察汽车周围情况，试踩踏加速踏板，加速踏板与离合器踏板配合，顺利起步。汽车平稳起步后，左脚应从离合器踏板上移下来，使离合器踏板完全放松，不要将脚闲置在离合器踏板上。起步后靠道路右侧行驶，切忌迅速驶入道路中央；用低速档行驶一段距离，待

图 2-3　汽车起步前的观察

传动系统各部机件活动后再加速前进。切忌猛踩加速踏板和强行挂档，以免损坏机件。

（2）在冰雪和泥泞道路上的起步　在冰雪和泥泞道路上起步时，驱动轮容易滑转，有条件的可在行车前换上雪地轮胎或安装防滑链。在没有安装防

滑链的情况下起步时，可使用离合器半联动，轻踏加速踏板，使发动机输出较小的动力，降低驱动轮转矩，实现顺利平稳起步，但应避免因抬离合器踏板过急或起步速度太快，造成车轮滑转或车辆侧滑。正常起步有困难时，可采取在驱动轮下及前方垫沙土、煤渣等物或刨一些横向沟槽，提高轮胎与地面的附着力，以满足起步的要求，如图2-4所示。如果轮胎与地面已被冻结在一起，不可强行起步，必须采取适当措施使轮胎脱离冻结状态，然后方可起步。

图2-4　汽车在冰雪和泥泞道路上的起步

02　加档操作要领

（1）手动档汽车的加档操作　加档前，应首先进行汽车加速，即所谓的"冲车"，使汽车速度提高。汽车速度提高后，按照加档的操作顺序把变速杆由下一级档位移到上一级档位，以实现加档过程。加档时，只有汽车速度达到上级档位允许的最低速度时，才能换入上一级档位；绝对不允许越级加档，否则，就会出现发动机动力不足的情况。

（2）自动档汽车的加档操作　自动档汽车一般使用D位时，在驾驶过程中不需要手动加档，直接操纵加速踏板即可实现增加车速的需要；而对于手自一体的车辆，可以根据驾驶的实际需要，按规范行驶，如图2-5所示。

图2-5　自动档汽车的加档操作

03　加速操作要领

踩下加速踏板，发动机供油量增加，转速上升，车速提高。在操作时，驾驶人应随着车速的增高而逐渐减慢加速踏板的踏下速度。低速行驶时，加速要急，但不是一下将加速踏板踏到底，而是加速踏板踏下的速度可以快，如图 2-6 所示。高速行驶时，加油可适当放慢，加速踏板踏下的速度可相对迟缓。需要注意的是，踩下加速踏板时脚不要抖动，如果脚抖动，加油不均匀，车速不会平稳上升，汽车会出现激烈抖动。

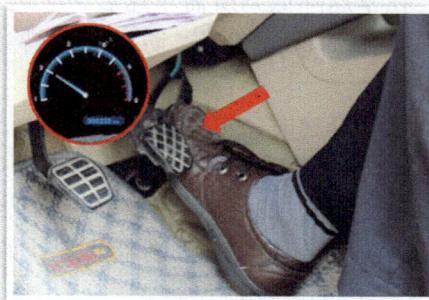

图 2-6　汽车的加速

用猛踩加速踏板的方法提高车速时，脚要平稳地往下踩加速踏板，待达到所需要的车速时，适度放松加速踏板且保持不动，即可停止加速过程而保持稳定车速，此时不要快速放松加速踏板，如果放松过快，汽车突然减速，在惯性的作用下汽车重心猛烈前移，会出现汽车"点头"前冲现象。

第三节　减速、减档、停车操作要领

01　减速操作要领

（1）制动减速法　将右脚从加速踏板上抬起，然后移至制动踏板上并踏下，此时，车轮制动器起作用，制动蹄摩擦片与制动鼓（或盘式制动器的制动块与制动盘）产生摩擦力，使车轮转速降低，致使汽车减速乃至停止。此种制动方法，作用迅速，制动力大，减速效果好，常用于紧急制动或停车的场合。例如，行车中突然发现前方有行人或路面有障碍物时，可迅速踩下制动踏板，汽车可以很快减速或停止，如图 2-7 所示。

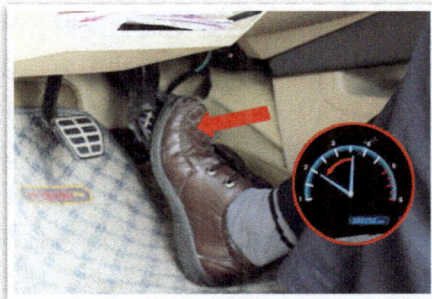

图 2-7　汽车制动减速法

制动踏板调节车速的目的不在于停车，也不在于减档，而是迅速降低行驶车速。因此，在实际操作中，一定要把握住，不可踩得过急、踩得过多，关键是适度踏下制动踏板后保持位置。位置的高低可依据降低车速的幅度大小和车速的快慢而定。在车速降低到所需车速后，应迅速放松制动踏板，停止制动降速过程，并适度加油保持车速，防止速度持续下降，否则就要减档了。

（2）加速踏板减速法　降速时，匀速放松加速踏板到适当位置且保持不动，利用发动机的牵阻作用，使车速下降到低速状态下匀速行驶。如果需要降低的幅度较大，可以完全放松加速踏板，待车速降低到最低车速时，再适度踏下加速踏板，停止发动机的牵阻降速而保持车速，如图2-8所示。

此种操作方法适用于缓慢减速的场合，常用于行车中只需稍做减速而无须停车的情况。例如，汽车行进中，发现道路前方有一个凹坑，此时，可放松加速踏板，汽车减速通过凹坑，而不需要停车，通过凹坑后继续行驶。

（3）发动机制动减速法　汽车以一定速度行驶时，驾驶人放松加速踏板，但不踩离合器踏板，也不使用其他制动器，仅仅依靠发动机的牵引阻

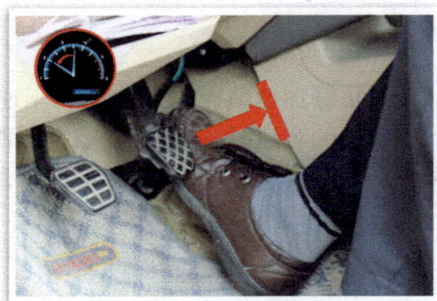

图2-8　加速踏板减速法

力作用，强迫汽车降低速度，从而达到制动的目的，这种制动方法称为发动机制动。发动机制动是一种辅助的制动方法。

发动机制动适用于下坡行驶，避免在下长坡时，频繁使用制动器而造成制动器过热和磨损，而又能使车速维持在一定范围内。

（4）离合器踏板调节车速法　离合器踏板调节车速的主要用途在于通过一些复杂道路和遇到交通状况时，利用离合器半联动的滑动摩擦作用，减少汽车惯性反作用发动机的冲击力，在保持发动机正常工作的前提下，获得各级档位均无法得到的适宜车速，保证汽车平稳行驶。

离合器踏板调节车速的操作方法是间歇地使用半联动驱动汽车。半联动的操作方法同起步时半联动控制一样。

在超低速行驶时，先抬起离合器踏板至半联动并适度加油，使汽车适当加速，然后再踏下离合器踏板，使汽车利用惯性行驶，待汽车快停时，再次抬起离合器踏板至半联动并适度加油，待汽车适当加速后，再踏下离合器踏

板，如此反复，通过控制抬起离合器踏板半联动的程度和适度加油来控制汽车的行驶速度，实现不受档位和发动机工作状态的限制而获得超低行驶速度，如图2-9所示。

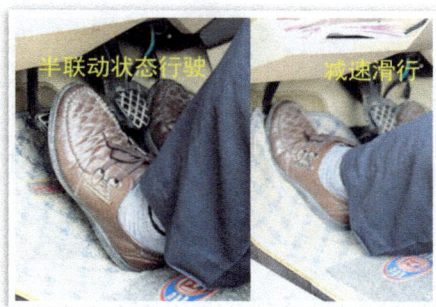

图2-9　离合器踏板调节车速法

02　减档操作要领

（1）逐级减档　汽车行驶时，右脚松开加速踏板，左脚踩下离合器踏板，将变速杆从高速档换入低速档，使变速器速比加大，车轮转速降低，汽车减速，如图2-10所示。此种减速操作方法适用于汽车减速后继续行驶而不停车的场合。例如，汽车在较好的道路上行驶，发现前方路面变坏，不能高速行驶时，可换低速档减速行驶。

如果利用放松加速踏板的方法，使发动机减速，最后达到汽车停止的目的，就要提前操作，因为这种方法减速慢，必须在到达停车地点之前及早放松加速踏板。另外，车速越高，滑行距离越长，越需要提前放松加速踏板。

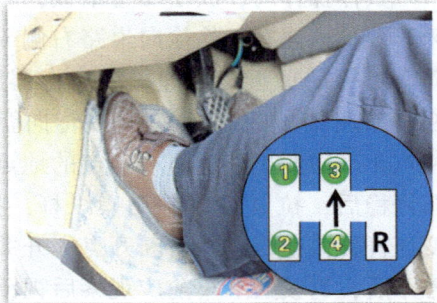

图2-10　逐级减档

（2）越级减档　在日常驾驶中，遇到冰雪道路、泥泞道路或制动失灵的情况下，果断采取越级减档措施，能够较好地起到防止车辆侧滑，降低车速，保证安全的目的。另外，在汽车行驶中若遇到阻力增大，车速突然降低，原来的档位难以提供足够的牵引力或前方遇到突然变化的情况时，也需要进行越级减档，如图2-11所示。

越级减档与逐级减档不同，越级减档一般均在下坡、高速行驶时，在高速档（Ⅴ位）与中速档（Ⅲ档）、高速档与低速档（Ⅱ、Ⅰ档）之间进行。

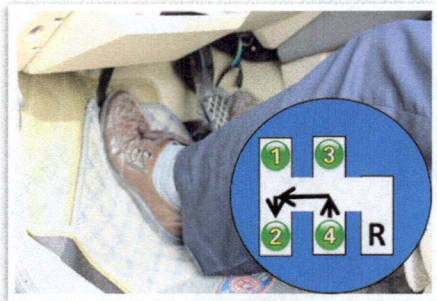

图2-11　越级减档

03　停车操作要领

（1）道路临时停车　在停车前，一般应选择交通规则允许，平坦、宽阔、交通情况简单的地段停车。在道路上停车时，应顺行进方向停在道路右侧，距人行道（路边、路肩）不超过30cm。如果与其他车辆临近停放，应与其保持2m以上的间距，并且不准逆向停车。

具体操作时，放松加速踏板，降低车速，打开右转向灯或手势警告后方来车及行人注意，徐徐向道路右侧或停车地点停靠。根据车速的快慢和距离停车目标的远近，合理操纵离合器踏板、加速踏板、制动踏板和转向盘，使汽车平稳而正直地停在预定的地点。车停稳后，拉紧驻车制动操纵杆，把变速杆移入空档，然后断开点火开关。停车后，驾驶人下车前应观察后视镜，以防开车门时妨碍其他车辆行驶，甚至造成事故，如图2-12所示。人员离开车辆时还要锁好门窗。

图2-12　道路临时停车

（2）在坡道上停车　坡道上一般是禁止停放车辆的，因故必须停车时，应根据坡道的情况，选择合理的停车地点（如坡度相对较小，地势相对平坦等），采取有效的防范措施，确保停车安全。

停车时要选择路面宽阔、视线良好的地点停放。依次停车时，应适当加大停车间距。当路边有路缘石时，可利用路缘石防止车辆滑动。上坡时，可将转向轮向左转；下坡时，可将转向轮向右转。停车后，拉紧驻车制动操纵杆，将变速杆挂入低速档（上坡时挂入 1 档、下坡时挂入倒档；自动变速器挂入 "P" 位）。熄火后用三角木或石块塞住车轮，防止溜动，如图 2 - 13 所示。

图 2 - 13　在坡道上停车

需要注意的是，在发动机运转状态下临时停车时，驾驶人不得离开驾驶室，防止因车辆抖动造成驻车制动器松脱而发生溜车事故。

（3）定位停车　定位停车是指将汽车停到预定位置。首先提前选定停车位置，降低速度，将汽车靠向右侧，确认车后安全，打开右转向灯，将加速踏板抬起，分 2 次或 3 次踩踏制动踏板，将汽车靠向右侧，如图 2 - 14 所示。

注意：操作中一定要分 2 次或 3 次踩踏制动踏板。为了保证安全，驾驶人必须打开右转向灯。

（4）特殊情况下停车　特殊情况下在公路转弯处或危险地段停车时，应在停车地点前后 100 ~ 150m 处设立醒目的危险警示标志，如图 2 - 15 所示。夜间停车或在大雨、大风、大雾中停车时，要打开前小灯（示廓灯），必要时要打开危险报警闪光灯，以提醒过往车辆注意。

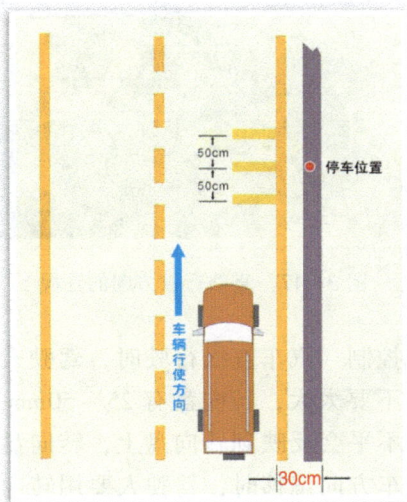

图 2 - 14　定位停车

图 2 - 15　弯道停车要谨慎

第四节 直线行车、转向、倒车操作要领

01 直线行车要领

（1）汽车直线行驶的位置确定 汽车直线前进时，要根据驾驶人座位中心与汽车纵向中心的距离来确定汽车行进的适当位置。座位中心距汽车纵向中心为50cm时，汽车在行进中座位中心与路面中心同样要保持50cm的距离，从而使汽车始终保持在道路中间行驶（也可根据所驾车型选择合适的参考点），如图2-16所示。

（2）汽车直线行驶方向的注视 要想保持汽车直线行驶，驾驶人必须要有适当的注视距离和方向，而注视方向和距离与驾驶人的坐姿有关，驾驶人要适时调整自己的坐姿，养成良好的习惯。坐姿端正后，要根据行驶车速及时调整注视方向，一般车速越高则要求越要看得远，如图2-17所示。当车速在40~50km/h行驶时，驾驶人必须要看到前方120~150m范围内的道路情况，以便发现安全视野内的行人和车辆时立即采取措施。

图2-16 直线行车的位置确定

图2-17 直线行驶方向的注视

（3）汽车直线行驶时转向盘的操纵与控制 汽车直线行驶时，驾驶人双手保持与肩同宽并握住转向盘，双手用力不要太大，转向盘有25~50mm的自由间隙。汽车在道路上行驶时，路面的不平会反映到转向盘上，转向盘左右有轻微摆动；当路面不平冲击前轮使汽车方向偏移时，驾驶人要用转向盘及时校正方向，以便维持汽车直线行驶。

当车头向左（右）偏斜时，应向右（左）转动转向盘，当车头行驶到行驶路线上时，再逐渐将转向盘回正。两手操纵转向盘要平稳、自然，如图2－18所示。

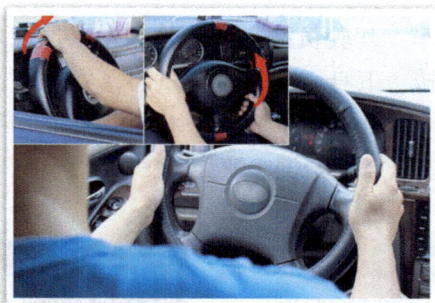

图2－18　直线行驶时转向盘的操纵与控制

02　转向操作要领

（1）转向速度的控制　转弯前要事先稍微踩一下制动踏板，使车辆减速并提前减至低速档，以防因车速过快导致转弯时产生的离心力过大，使车辆失稳、失控，造成翻车事故，如图2－19所示。在弯道转弯时，驾驶人应更大范围地降低车速，匀速通过弯道，尽量避免在弯道使用制动踏板，以免使车辆失去平衡，此时可采取慢入快出法通过弯道。在路面宽、弯道半径大、车辆重心低、交通情况允许且视线良好的弯道上行驶时，速度可适当快一些，但不能使转弯时产生的离心力太大，以免造成车辆侧滑或倾翻。如果弯道路面凹凸不平或有一定坡度，则要比同样弯度的平路转弯动作更缓慢一些，因为这种路面会增大离心力，处理不当，会造成翻车。

图2－19　汽车转向速度的控制

（2）转向大小的控制　以右转弯为例，小范围的转向操作只需要左手握住转向盘向右推送，右手辅助，顺势拉转。当需要大角度转动转向盘时，左手需要将转向盘从10点位置打至3点位置，右手则顺势打转。当需要在短时间内大角度转动转向盘时，则可以用双手交叉的方式转动转向盘，如图 2-20 所示。

03 倒车操作要领

（1）后窗观察倒车　驾驶员挂入倒档位，左手握住转向盘上缘，身体偏右乘坐，上身向右侧转，下身微斜，全身重心落在右臀部一方，将右手依托在副驾驶靠背的上方，用以支撑和平衡身体重心，头向后扭，两眼通过后窗，注视倒车目标，确认安全后开始倒车，如图 2-21 所示。

图 2-20　双手交叉转动转向盘

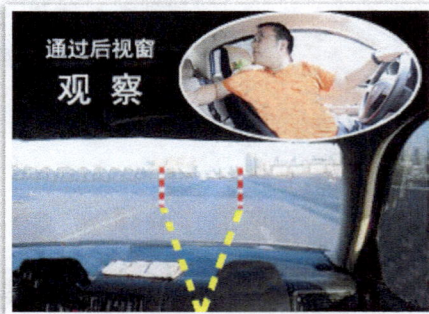

图 2-21　通过后窗观察倒车目标

（2）侧方观察倒车　驾驶员挂入倒档位，右手握住转向盘上缘，左手打开车门，扶住车门内侧窗框下缘，并用力将车门稳定在一定开度，以保持上身平衡；两脚保持原有的位置，臀部紧贴靠背，并随时做好停车的准备；开始倒车时，上身向左倾斜伸出驾驶室，头向左后方转，并稍探出门外，向后注视倒车目标，确认安全后开始倒车，如图 2-22 所示。

（3）注视后视镜倒车　通过后视镜间接观察倒车目标，操作较前两种姿势稍难掌握，一般在道路右侧向右转弯倒车时，通过后视镜借以推断后轮与路沿的距离来确定转向盘的转动量。倒车时，驾驶人必须保持原来的驾驶姿势，两手稳握转向盘，眼睛观察后视镜，注视后方交通动态，确认安全后开始倒车，并随时做好停车准备。由于视线受到限制，观察范围小，有时还模糊不清，所以，这种方法适用于短距离倒车，如图 2-23所示。

图 2-22　打开车门观察倒车目标

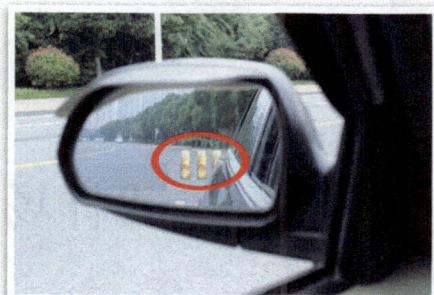

图 2-23　通过后视镜观察倒车目标

（4）有人指挥倒车　通常情况下，倒车尽量避开危险点，如果必须在危险的地点倒车，驾驶人必须勘察倒车地点的地形，认真研究好倒车时的进退路线和可能发生的各种险情及防范措施。一般情况下，找人指挥最安全。倒车时，指挥人员应与驾驶人密切协调，并站在既能看到车尾和障碍物，又能被驾驶人看到的位置，驾驶人应根据其指挥转动转向盘，缓慢后倒，如图2-24所示。

（5）倒车的注意事项　倒车前要先了解汽车周围的情况，弄清障碍物的形状和位置。在道路上倒车时，最好有人员在车后监督，阻拦来往行人；没有人帮助照看时，要在确保车后无行人和来车时，才可进行倒车，如图2-25所示。倒车前应鸣嗽叭，以提示周围的行人和车辆。倒车时起步要缓慢，行进的速度以保持在人步行的速度为宜。倒车中注意力应放在观察车体与障碍物之间的相对位置上。当后轮通过障碍物或接近车库门时，要立即回头观察车头情况，适时修正车头位置。同时，倒车要留有余地，兼顾车前的情况，随时做好停车的准备。当一次倒车难以达到目的时，不要勉强，应再次向前，重新调整汽车位置，以减小倒车的难度。

图 2-24　有人指挥倒车

图 2-25　有障碍物时不得倒车

第3章

式样场地驾驶操作要领

第一节　坡道定点停车和起步操作要领

01　训练目的

训练机动车驾驶人在坡道上驾驶车辆的技能，准确判断车辆的位置，正确使用制动、档位和离合器，以适应在上坡路段停车与起步的需要。

02　场地设置及评判标准

场地设置如图3-1所示。

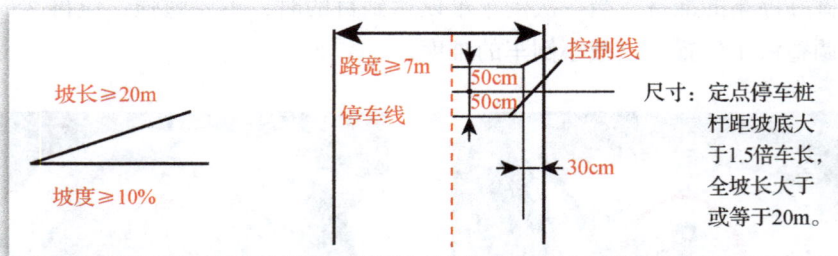

图3-1　坡道定点停车场地的布局

图 3 - 1　坡道定点停车场地的布局（续）

评判标准：

1）不按规定路线顺序行驶，不合格。

2）没有定点停车，不合格。

3）车辆停止后，汽车前保险杠未到控制线，不合格。

4）停车后后溜大于 30cm，不合格；停车后后溜小于 30cm，扣 10 分。

5）起步时未开左转向灯，扣 10 分。

6）车辆行驶中轧道路边缘实线，不合格。

7）车辆停止后，汽车前保险杠未到停车线，扣 10 分。

8）停车时右前轮距边缘线 30cm 以上，扣 10 分。

9）起步时间超 30s，不合格。

03　操作要求

通过视觉和感觉及时判断坡道的坡度大小和长短及路宽等道路情况，采取正确的操作方法，控制车辆平稳停车和起步。要做到转向正确、换档迅速，操作加速踏板、驻车制动操纵杆和离合器踏板三者配合的动作准确协调。起步要做到车辆不前冲、不后溜、不熄火。定点停车时，前保险杠应停在控制线内，右前轮应停在距路边线 30cm 以内。

04　操作要领

（1）起步　上车后，调整座椅，系好安全带，将两个后视镜均调整至最低，驾驶人能通过后视镜看到左右两侧的后车轮则不再调整。听到"上坡定点停车"指令后，立刻打开右转向灯，向右适当转动转向盘，向道路右侧靠，如图 3 - 2 所示。

（2）调整车与路边线的距离　当汽车发动机罩的中点对正黄色线时（见

图 3-3），转向盘向左回转小半圈，再迅速向右回正，使车右侧与路边保持平行，此时车身与路边线保持距离在 30cm 内，不能轧黄色线（见图 3-4）。

（3）定点停车　快到达停车点时，减慢车速，从左侧后视镜下沿看到定位线边缘即停车（见图 3-5 和图 3-6），拉紧驻车制动操纵杆，挂空档。车辆停止后，保险杠的位置如图 3-7 所示。

图 3-2　做好起步准备

图 3-3　调整车辆方向

图 3-4　车身与路边线保持距离 30cm

图 3-5　停车时机

图 3-6　通过右后视镜观察车身与边线的距离

图 3-7　停车时保险杠的位置

（4）坡道起步　停10s，等报完成绩，驾驶人进行半坡起步准备，踏下离合器踏板，挂入1档，左手握稳转向盘，两眼目视前方，打开左转向灯，鸣喇叭，右手握住驻车制动操纵杆，稍向后拉并按下按钮，做好起步准备。踏下加速踏板，提高发动机的转速，同时松抬离合器踏板至半联动，然后松放驻车制动操纵杆并徐徐加油使车辆平稳起步。

特别注意：

起步时，驾驶人如果感到车辆动力不足，车辆无法前进甚至后溜时，应立即踏下离合器踏板和制动踏板，随即拉紧驻车制动操纵杆，重新起步；一般踩下离合器踏板到车轮转动的时间不超过7s。

若遇上坡熄火，驾驶人一定要沉着冷静，不要慌张，应采取及时有效的措施，然后按坡道起步的方法上坡。

第二节　侧方停车操作要领

01　训练目的

训练机动车驾驶人将车辆正确停入道路右侧车位（库）的技能。

02　场地设置及评判标准

场地设置如图3-8所示。

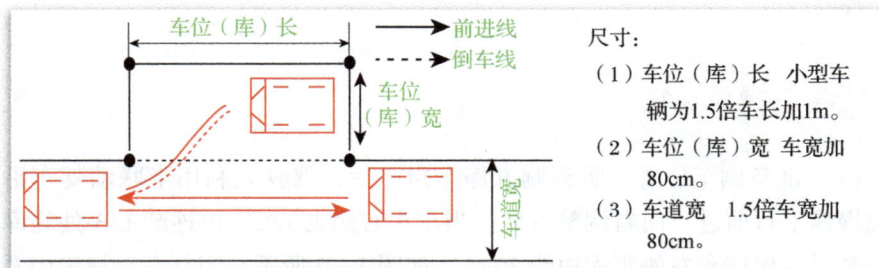

图3-8　侧方停车场地的布局

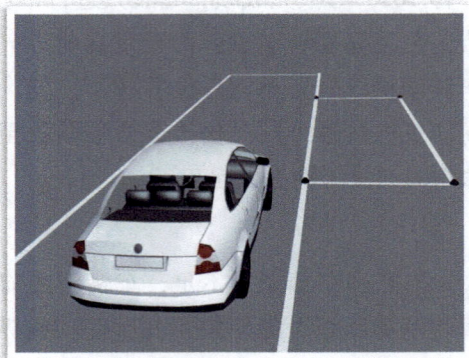

图 3-8　侧方停车场地的布局（续）

评判标准：

1）车辆入库停止后，车身出线，不合格。

2）未停车于库内，不合格。

3）中途停车，不合格。

4）行驶中车轮轧碰车道边线，扣 10 分。

5）起步未开左转向灯，扣 10 分。

6）倒车未开右转向灯，扣 10 分。

第 6 项为新增加扣分项目，此前只要求停车起步开左转向灯。新增项目也是最容易被驾驶人忽视而导致扣分的项目。

03　操作要求

车辆在车轮不轧路边线和库边线的情况下，通过一进一退将车辆倒入右侧车库。

04　操作要领

（1）准备倒车位置　听到侧方停车指令后，驾驶人利用半联动驾车沿停车位慢速平行前进，向右调整方向，当车头右侧先 1/2，再逐渐 1/3 处轧库边线行驶时，保持车右侧距库边线 30cm，如图 3-9 所示；当从右后视镜中看到库前边线时，踩制动踏板和离合器踏板停车。

此时车右侧与库边线相距约30cm

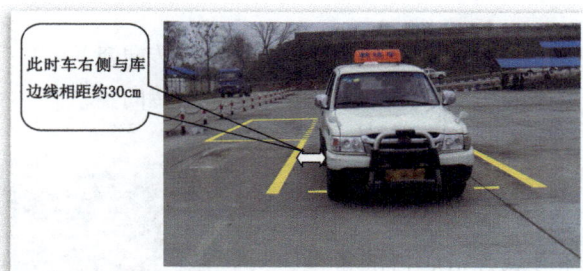

图 3-9 准备倒车位置

（2）倒库　打右转向灯 3s 以上，挂倒档，松抬制动踏板，慢抬离合器踏板倒车；从右后视镜中观察右后轮与库左前角对齐时向右迅速转动转向盘到极限位置，如图 3-10 所示。

a）

b）

图 3-10 倒库转向

a）从后视镜观察　b）从车外看倒库转向时机

（3）入库　通过左后视镜观察车辆左侧与库的右后角为一条直线（车身与道路约成45°）时回正方向，如图 3-11 所示；直到看到左后轮轧左库边线，将转向盘向左转到极限位置，如图 3-12 所示。

图 3-11 车身与道路约成 45°

图 3-12 车尾入库

特别注意：

1）当车距库边线大于 40cm 时，此时应晚打转向盘。

2）当车距库边线小于 20cm 时，此时应早打转向盘。

（4）停车 观察左右后视镜，车身与两侧库边线平行时回正停车（见图 3－13），拉起驻车制动操纵杆，停 10s 左右，待通知考试合格后再准备重新起步出库。

图 3－13 停车

（5）出库 踏下离合器踏板，挂档，打左转向灯 3s 以上，鸣喇叭，松驻车制动操纵杆，慢抬离合器踏板，半联动状态下缓缓起步；转向盘向左转到极限位置，车辆沿左侧前进。当车头中间轧道路左边线时尽快向右转动转向盘一圈半（回正），随后根据路况再向右转一圈，并适当调整。

（6）驶离考试区 出库后，车身与库边线平行后立即将转向盘回正（即向左回转一圈），继续前行，驶离本项目考试区。

第三节　曲线行驶操作要领

01　训练目的

训练驾驶人操纵转向盘和控制车辆曲线行驶的驾驶能力。

02　场地设置及评判标准

场地设置如图 3－14 所示。

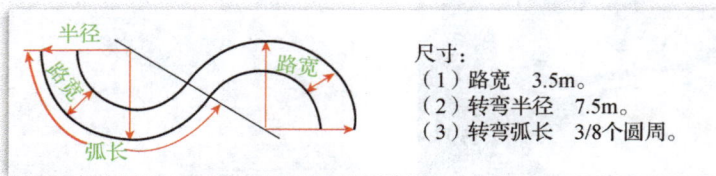

尺寸：

（1）路宽　3.5m。

（2）转弯半径　7.5m。

（3）转弯弧长　3/8 个圆周。

图 3－14 曲线行驶场地的布局

图 3-14 曲线行驶场地的布局（续）

评判标准：

1）任一车轮轧路边线，不合格。

2）中途停车，不合格。

03 操作要求

驾驶人驾驶车辆以低档低速从弯道的一端驶入，从另一端驶出。行驶中不得轧道路边线，要转向自如。

04 操作要领

原则上进入弯道后尽量走大圈；处于弯道时，通过控制转向盘让里侧发动机罩前角始终处于外侧白线边缘（具体为不出线，也不能离边缘线太远），到 S 弯尽头回正方向。

（1）对正参照物　当车进入起点前，换 1 档，进入后调整方向，确保发动机罩上的左前角压右边线行驶，如图 3-15 所示；同时观察左后视镜，注意内外轮差，如图 3-16 所示。

（2）进入两弯交界处　前进到两弯交界处时，可以以左侧的边线作为参照物（见图 3-17），稳住方向继续转弯。

（3）再次对正参照物　进入第二弯时，迅速调整参照物，此时观察发动机罩的右前角（见图 3-18），确保右前角压左边线行驶。

图 3-15　对正参照物
a）发动机罩左前角压右边线　b）从车外看行进路线

图 3-16　观察左后视镜并及时调整
a）从左后视镜观察　b）从车外看行进路线

图 3-17　两弯交界处观察左侧边线
a）从后视镜观察　b）从车外看行进路线

（4）驶出场地　在曲线的末端进入盲区前，可以选择路沿作为参照物（见图3-19）。没有路边沿的场地，可用目光在与出口平行的远处，假想一条直线，也可通过略微转头用余光观察左侧来判断车体与出口是否平行。

图3-18　再次对正参照物

图3-19　通过后视镜观察车体与参照物

第四节　直角转弯操作要领

01　训练目的

训练机动车驾驶人在急弯路段驾驶车辆时，能正确操纵转向盘，准确判断车辆内外轮差的能力。

02　场地设置及评判标准

场地设置如图3-20所示。

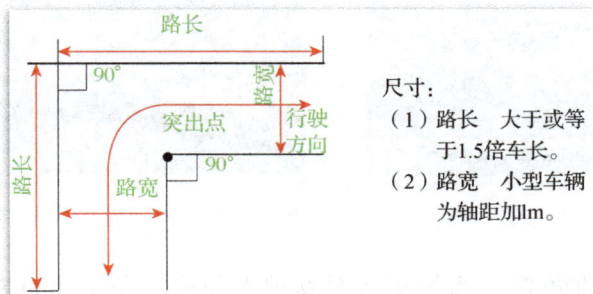

图3-20　直角转弯场地布局

图 3-20　直角转弯场地布局（续）

评判标准：

1）任一车轮触轧突出点或驶出边缘线，不合格。

2）中途停车，不合格。

03　操作要求

按规定路线低速行驶，由左向右或由右向左直角转弯，一次通过，中途不可停车，车轮不得轧内外边线。

04　操作要领

（1）起步　汽车挂低速档起步，不加油，如图 3-21 所示。

（2）进入直角弯前　汽车进入直角弯之前靠外侧行驶，外侧车轮与道路侧边线保持约 10cm 的间距，如图 3-22 所示。

图 3-21　进入场地

图 3-22　与道路侧边线保持适当间距

（3）进入直角弯　当汽车行至驾驶人与内直角突出点对齐时（见图 3-23），迅速向左（右）转动转向盘至极限位置。

（4）驶出弯道　当左（右）后轮越过内直角突出点时，开始逐渐回正方向驶出弯道，如图 3－24 所示。

图 3－23　转向时机的选择

图 3－24　回正方向的时机

第五节　倒车入库操作要领

01　训练目的

训练机动车驾驶人在驾驶汽车进行后倒时对于汽车方位的目测能力，进一步熟练运用转向盘、离合器踏板等操纵机件。

02　场地设置及评判标准

场地设置如图 3－25 所示。

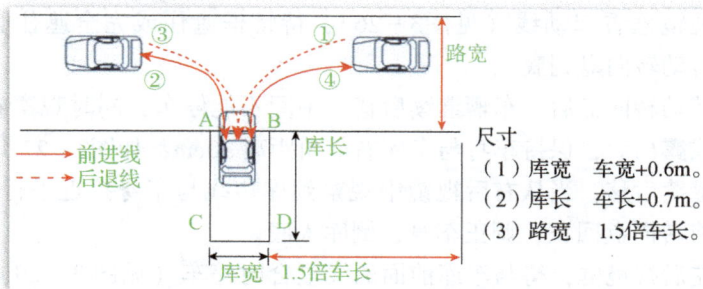

尺寸
（1）库宽　车宽+0.6m。
（2）库长　车长+0.7m。
（3）路宽　1.5倍车长。

图 3－25　倒车入库场地的布局及运行转迹

图3-25 倒车入库场地的布局及运行轨迹（续）

评判标准：

1）不按规定路线顺序行驶，不合格。

2）没有完全倒入库内，不合格。

3）车身出线，不合格。

4）中途停车，不合格。

03 操作要求

从右起点倒入车位停正，前进出车位并开到左起点，见蓝色轨迹线；左转倒入车位停正，前进出位开到右起点，见黑色轨迹线。整个过程车身不得出线。

04 操作要领

（1）从右起点倒车入库　驾驶人上车后先调整座位和后视镜，系好安全带。打开右转向灯，轻抬离合器踏板使车后移，控制好车速，注意调整方向，让车身距右侧路边线约1.5m左右，并且平行于路边线。时刻观察左后视镜，通过左后视镜框看起动线（见图3-26），待镜框遮住或完全遮住起动线时，向右迅速转动转向盘到底。

向右转动转向盘后，车辆继续后移，中间不能停车，同时观察右后视镜，至最右边线露出后，保持车身与车库右前角距离30cm，如图3-27所示。

车辆继续后移，当从右后视镜中观察到库边线与车身接近平行时（见图3-28），将转向盘回正，调正车身，倒库入底。

观察左后视镜框，待与车库前面的线重合时停车（见图3-29），此时倒库完成，车尾部与库底应相距约20cm。

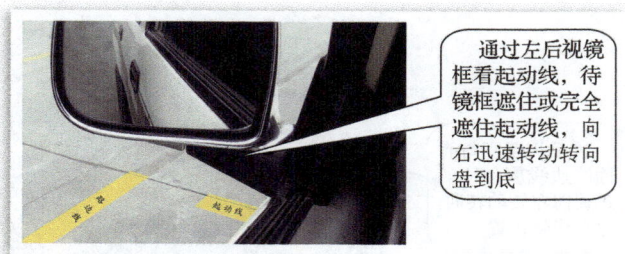

通过左后视镜框看起动线，待镜框遮住或完全遮住起动线，向右迅速转动转向盘到底

图 3-26　向右转动转向盘的时机

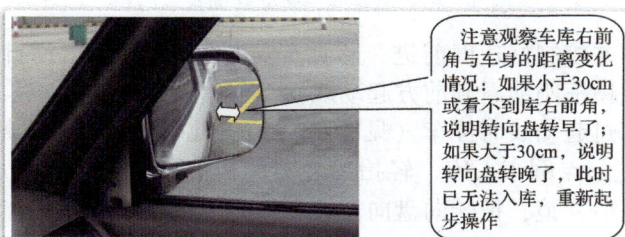

注意观察车库右前角与车身的距离变化情况：如果小于30cm或看不到库右前角，说明转向盘转早了；如果大于30cm，说明转向盘转晚了，此时已无法入库，重新起步操作

图 3-27　车尾入库

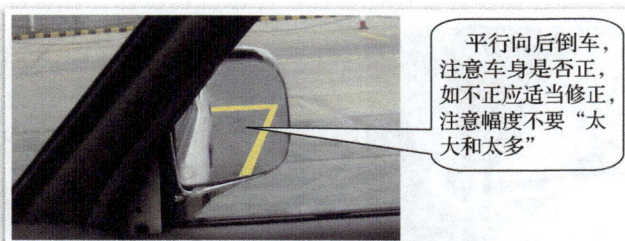

平行向后倒车，注意车身是否正，如不正应当修正，注意幅度不要"太大和太多"

图 3-28　正直倒车

左后视镜框与车库前面实线重合时停车，倒库完成

图 3-29　倒车停止位置

（2）出库开到左起点　车辆直线开出，看到左后视镜座与前面路边线重合时（此时后轮刚好出库），迅速向左转动转向盘至极限位置，如图 3-30 所示。

左后视镜座与前面路边线重合时，迅速向左转动转向盘至极限位置

图 3-30　出库向左转动转向盘的时机

保持方向并控制好速度前进，感觉车身与路边线快平行时回正方向（或者通过左后视镜框刚能看到前方起动线）。通过左车窗玻璃立柱看起动线，在立柱压上或超过起动线时停车（见图 3-31），此时前轮压上或超过起动线。

（3）从左起点倒车入库　轻抬离合器踏板使车后移，看左后视镜，当左起点稍微过左后视镜，把转向盘向左转到极限位置，继续后移。

观察左后视镜，至最左边线露出后，保持车身与库角距离 30cm，如图 3-32所示。

图 3-31　左起点停车位置

图 3-32　车尾入库

观察左后视镜，继续倒车，当库边线与车身接近平行时将转向盘回正，调正车身，倒库入底，如图 3-33所示。

（4）出库开到右起点　方法与从车库开到左起点相同，只是转向盘是向右转动。

图 3-33　正直倒车

第4章

预见性驾驶操作要领

第一节 车速、车距的控制要点

01 车速的控制要点

1）行驶速度直接关系到行车的安全性、经济性和机件的使用寿命，行车中必须合理地选择和控制。速度的选择要根据车型、环境、交通和气候条件，以及驾驶人的技术水平、生理、心理等因素来确定。一般情况下，只要道路条件、车辆状况和环境条件允许，在不违反交通法规规定的情况下，驾驶人应尽可能选用高速挡内的经济车速行驶，以充分发挥汽车的机动性和经济性，如图4-1所示。

2）尽量不要高速行驶，因为车速过快时，一是汽车的稳定性降低，容易引起侧滑、翻车，驾驶失控；二是驾驶人的注意力集中点（视距）加长，视野窄，能看清的范围、距离减小，潜在的危险性就大，如图4-2所示；三是制动距离成倍增加，一旦遇有情况会来不及减速停车，导致发生交通事故；四是容易加剧驾驶人的疲劳。

图4-1 多使用经济车速行驶

图4-2 视野变窄后的观察效果

02　车距的控制要点

1）同向行驶的两车之间的纵向距离称为行车间距或跟车距离，如图4-3所示。车距的大小主要取决于车速，车速越快，两车之间的距离应越大；车速慢时，车距可适当减小。

2）在通常情况下，当时车速的公里数就相当于最小跟车距离。例如，以40km/h行驶，车距至少应保持40m，如图4-4所示。

图4-3　前后、左右车距

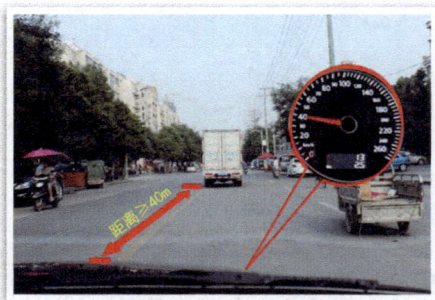

图4-4　一般路段车距的控制要点

3）三秒钟跟车法则：在前方路边选一静止物，如标志牌、停止的汽车等，当前车到达这一位置时，后车驾驶人开始默念"一秒钟、两秒钟、三秒钟"，如果念完时自己的车刚好到达（或尚未到达）这一位置，说明与前车之间的距离是合适的，如图4-5所示；如果未念完时自己的车就驶过了这一位置，那就是跟车太近了，应减慢车速，加大车距。

图4-5　三秒钟跟车法则

第二节　跟车、会车、超车、让车的操作要领

01　跟车的操作要领

（1）合适的跟车距离　保持合适的跟车距离，车速与空跑距离、制动距离、停止距离的关系见表 4 - 1。

表 4 - 1　车速与空跑距离、制动距离、停止距离参照表

车速/（km/h）	20	30	40	50	60	70	80	90	100
空跑距离/m	6	15	11	14	17	19	22	25	28
制动距离/m	3	6	11	18	27	39	54	68	84
停止距离/m	9	15	22	32	44	58	76	93	112

（2）精力要高度集中　驾驶人应确保自己的车在前车任何情况下停车时（如前车制动灯不亮，或者突然横滑、甩尾时）都能及时停下来，如图 4 - 6 所示。尤其在所驾车辆制动效果不佳时，应适当加大跟车距离，以保证足够的安全系数。

（3）盲区跟车需谨慎　在遇转弯或前车超车等处于视线盲区时，驾驶人要注意观察、判断，以防突发情况到来时措手不及，如图 4 - 7 所示。

图 4 - 6　随时注意前方车辆的尾灯

图 4 - 7　及时发现盲区情况

02　会车的操作要领

1）会车前，驾驶人首先要看对向来车的车型、速度、装载情况，前方道

路的宽度、坚实情况，路旁行人、车辆情况，路旁停车及障碍物情况等。其次，要通过观察和比较估算出两车交会时的大致位置，占路情形，以留出合适的横向安全间隔，如图4-8所示。再次，要在临近交会时提前降低车速，以便在会车时遇到突发情况能较好地处理。

2）要视情况确定能否顺利会车。若道路狭窄，会车余量很小，或者道路右前方有车辆停放或障碍物，道路右侧路基松软，有较深的沟渠或傍山，或者有较多行人、非机动车时，要慎重对待，不能盲目交会，必要时应该先停车，如图4-9所示。

图4-8　会车前正确估算

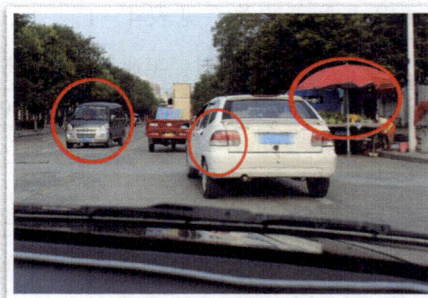

图4-9　综合考虑会车周围的障碍

3）在能够顺利会车时，应严格遵守让车的有关规定，不能故意占线抢道，乱甩方向。同时，要严密注视对向来车后方的异常情况，以防来车后方非机动车或行人突然出现（见图4-10），车辆来不及躲闪。

03　超车的操作要领

（1）要文明有礼地发信号　首先打开左转向灯，鸣喇叭，在确认对方收到"信号"并执行"让超"信号或行为时，如图4-11所示，加油快速超过。

图4-10　密切关注交会车辆后方

图4-11　超车时机

（2）要正确估计行车速度 超车时，驾驶人首先要预估前车的速度，更要预估对面来车的速度，然后根据自己的超车距离和时间，判断出是否会出现冲突点和交织点（见图4-12），做出超车与不超车的决定。

（3）超车速度的选择 由于超车习惯和超车环境不同，超车速度的选择应本着从容自如、缩短时间的原则，即要求驾驶人选择合适的档位，提前加速，以便与被超车有较大的速度差，保证超车快速完成，如图4-13所示。

图4-12 正确判断冲突点

图4-13 确认安全后快速超越

（4）超停驶车时应减速并鸣喇叭 在超越停放的车辆时，应先减速并鸣喇叭，保持警觉，防止该车辆突然起步驶入行车道，也要防止其车门突然打开，如图4-14所示。

（5）夜间超车需加倍谨慎 一要确认发出的超车信号被前车接受，前车有让超的明显表示，并且超车路段交通情况许可；二要注意道路两侧的人员或非机动车动态，如图4-15所示；三要在尽量短的时间内完成超越，以免引起前车认为后车放弃超越的误解。

图4-14 防止停驶车辆突然开门

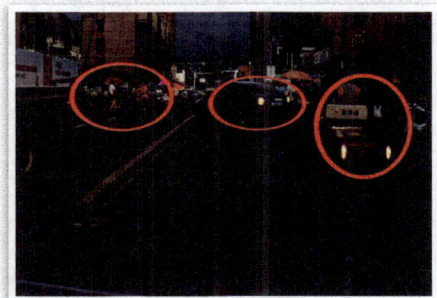

图4-15 夜间超车应仔细观察周围情况

（6）避免紧急制动 在超车过程中，如果发现道路左侧有障碍或横向间距过小有剐蹭危险时，驾驶人尽量不用紧急制动，以防侧滑，如图4-16所示。

（7）超越车队　车队行驶车多线长，车速与间距比较均衡，超车距离与超车时间均较长，因此，车队不易超越。为保证超车的安全，在超车视距良好的情况下，驾驶人可加速连续超越，如图4-17所示；若遇对向道路有其他车辆通行，可见机插入车队。

图4-16　超车途中尽量不用紧急制动

图4-17　加速连续超越车队

（8）对故意不让车的超越　驾驶人发出超车信号后，被超车辆若无让超表示时，要区别对待，有些属于让车条件不佳而不让，应等待时机，如图4-18所示；对于让车条件良好而故意不让的情形，驾驶人更应心平气和地对待，开得"和平车"，才能开"安全车"。

04　让车的操作要领

（1）在窄路上让车　在路面狭窄且不能满足两车同时通过时，必须有一车礼让。这时，驾驶人应该立即观察和判断前面路段，选择一处较宽阔的路段，减速缓行或停车，让对方车辆通过后再行前进，如图4-19所示。

图4-18　前车不让后车不超

图4-19　停车让行

（2）在弯道上让车　一般情况下，进入弯道前的车辆要让正在转弯行驶的车辆，如图 4 - 20 所示；靠边行驶的车辆应该让已经借道转弯的车辆。

（3）在狭窄坡道上让车　除应遵守狭窄坡道让车规定外，空车（小型车）要让重车（大型车），以防重车下坡制动不住而发生交通事故，如图 4 -21所示。

图 4 - 20　弯道让行

图 4 - 21　让重车（大型车）先行

（4）在十字路口和丁字路口处让车　驾驶人应根据当时的交通情况控制好车速行驶。转弯车让直行车，如图 4 - 22 所示；支线车让干线车；未进入路口的车让已经在路口行驶的车辆。

（5）被超车时让车　在条件允许的情况下，驾驶人打开右转向灯，减速并稍靠右行驶，主动让超，特别是当后面的车辆正在超越前车，前面又有行人或障碍物时，前车应立即减速甚至停车，不可向左急转方向，以防后车碰撞，如图 4 - 23 所示。

图 4 - 22　转弯车让直行车

图 4 - 23　让车前细观察

第三节　变道、转弯、掉头的操作要领

01　变道的操作要领

1）变更车道前，首先要察看道路交通标志，在允许的情况下才可实施变道，如图4-24所示。

2）在认真观察道路交通情况下，首先打开转向灯，然后通过后视镜观察后方有无来车及来车车速情况（见图4-25），确认安全后，再缓慢驶入。

图4-24　不得违反标志变道行驶

图4-25　后方有车接近时不得变道

3）变道切忌不观察就直接变道，或者不开转向灯就变道，如图4-26所示。

图4-26　不开转向灯就变道

02　转弯的操作要领

1）驾驶人要对自己驾驶的车辆有一个整体的认识，熟知自己驾驶车辆的最小转弯半径及车身长度。转弯操作时，要精力集中、双手操作、目视前方、环顾左右（见图 4-27），不可心不在焉或双手离开转向盘。

2）汽车转弯时，驾驶人要事先稍微踩一下制动踏板，使车辆减速，并提前减至低速档，以防车辆因车速过快致使转弯时产生的离心力过大，导致车辆失稳、失控，造成翻车事故；接近弯路前要提前鸣喇叭，以警告其他车辆和行人，使之及时避让，如图 4-28 所示。

图 4-27　转弯时要左右兼顾

图 4-28　转弯前鸣喇叭提醒

3）汽车在下坡路上遇到转弯时，要适当地提前换入低速档，降低车速，尽量避免使用紧急制动，以防止因侧滑而导致翻车。转向角度要与转弯半径、道路条件相适应，尽可能将弯度转得大一些，防止车轮越出路外造成剐蹭、陷车、翻车，如图 4-29 所示。

03　掉头的操作要领

1）掉头应尽量选择在广场或平坦、坚实、宽阔的地段进行。必须在危险路段进行掉头时，最好有人指挥，如图 4-30所示；若没有人指挥，则需要设置一些路缘线，如在路边堆上一些石块障碍，以防止车轮滑出路缘等。

图 4-29　转弯时要顾及路缘

2）掉头前，驾驶人必须赶走围观嬉耍的孩童，以防发生事故，并先打转向灯、鸣喇叭，同时遵循多进少退的原则。如果路两边危险程度不同，驾驶人应将车头朝向危险大的一边，以便于观察，如图4-31所示。

图4-30 有人指挥的掉头

图4-31 车头朝向危险较大的一端

第四节 通过铁路、桥梁、隧道、盲区的操作要领

01 通过铁路的操作要领

1）通过铁路前，应降低车速，注意观察，听从铁路管理人员的指挥。遇有道路栏杆关闭、警报器发出警报、道口信号显示红色灯光时，必须在距铁路钢轨2m以外处依次停车，如图4-32所示。严禁抢越，不得影响道口栏杆（栏门）的关闭，不得撞越道口栏杆（栏门）。

2）车辆通过道口时的最高时速不准超过20km/h，一般采取2档行驶，平稳供油以防熄火。同时，驾驶人注意不要让车辆距离倾斜的横杆过近，否则，倾斜的横杆容易刮擦汽车，如图4-33所示。穿越轨道时不要换档，不要踩离合器踏板，不许超车或停车，车辆不准带故障通过道口。

图4-32 停在2m线以外

3）当火车通过后，被阻截的车辆和行人较多，一时出现拥挤现象，行驶时要特别注意，以防剐蹭其他车辆和行人，如图 4 - 34 所示。

图 4 - 33　小心碰刮斜杆

图 4 - 34　注意拥挤人群

02　通过桥梁的操作要领

1）驾车通过桥梁临近桥头时，要看清桥头附近的交通标志，严格遵守限载、限速的规定，如图 4 - 35 所示。通过桥梁时要慢速平稳，避免制动和冲击。如果还有其他车辆，应根据桥梁情况，加大与前车之间的距离，逐车通过。通过时，驾驶人若确认安全无问题，应一气通过，尽量避免在桥上变速、会车、超车，更不能在桥上停车，以免阻塞交通。如遇有情况或视线不清时，应在100m 前减速，并鸣喇叭示警。

2）在窄桥上会车时，如果自己的车辆速度快且距桥近，应加速通过后，再与来车交会；如果自己的车辆距桥远，应根据距离适当控制车速，让对方车辆先通过窄桥；如果自己的车辆距桥近，但速度慢，对方车辆距桥稍远一些，但车速快，估计对方车辆有先上桥的可能时，就应立即减速，待对方车辆通过桥后再行驶过桥，如图 4 - 36 所示。

图 4 - 35　注意桥头的限行标志

图 4 - 36　窄桥上会车

3）通过拱桥时，往往看不清对方汽车和道路情况，应随时注意对方来车、行人、牲畜及非机动车等情况，并做到减速、鸣喇叭、靠右行（见图4-37），以便处理下桥时可能遇到的各种情况。此时切勿冒险高速冲过拱桥桥顶而发生碰撞事故。

4）通过木桥时，应提前减速换入低速档，使车轮对正桥板徐徐缓行，以免木桥受到过大冲击振动而影响后车通过。若木桥年久失修，通过前应仔细检查一下桥的坚固情况，如果危险性较大，切勿冒险通过，最好有人指挥，谨慎通过，如图4-38所示。同时，驾驶人要注意桥面有无铁钉等障碍，确认安全后保持适当的恒定速度，一次性通过。

图4-37 接近桥顶要鸣喇叭

图4-38 指挥通过木桥

5）通过泥泞、结冰溜滑的桥面时，驾驶人应在桥面上铺垫沙土、草秸、碎煤渣等，或者清除桥面上的泥泞和冰雪，或者在车轮上安装防滑链后通过（见图4-39），不可盲目过桥，防止汽车发生甩尾、侧滑而撞及桥栏杆，甚至翻车。

图4-39 桥面行驶防滑溜

03　通过隧道的操作要领

1）进入隧道前，驾驶人应注意交通标志并严格遵守，特别是限速标志。汽车从洞外路段驶入隧道内路段，或者从洞内驶出时，人眼对明暗环境的适应有一个过程，因而必须调整车速，如图 4-40 所示。

2）在通过一般道路的单车道隧道时，驾驶人应随时观察对方有无来车，打开前后车灯（不宜打开远光灯），一般不宜鸣喇叭，如图 4-41 所示。在通过高速公路上的隧道时，驾驶人也应开灯行驶，目的是标明车辆的位置，防止追尾事故；确定与前车的距离，防止撞车事故。

图 4-40　慢速适应

图 4-41　开近光灯行驶

3）在通过一般道路的双车道隧道时，驾驶人应靠道路右侧以正常速度行驶，如图 4-42 所示。重车爬坡时，驾驶人应根据汽车动力提前变换档位，潮湿路面应慎用制动。在高速公路双车道隧道行驶时，驾驶人不得在洞内变换车道。

4）由于各级公路的隧道宽与洞外路面宽相比较窄，所以，隧道内严禁随意停车，以免造成交通阻塞。汽车"抛锚"于隧道内时，驾驶人应立即通知汽车救援中心或交通管理部门，设法将车辆拖出隧道，不得在洞内检修，如图 4-43 所示。

图 4-42　双向车道靠右行

图 4-43　不可在隧道洞内修车

04　通过盲区的操作要领

（1）地形、地貌盲区　地形、地貌盲区一般由拱形桥、山路、陡坡、急弯和高秆作物、树林等形成，如图4-44所示。这些路段车辆、行人较少，驾驶人往往容易掉以轻心，易酿成交通事故。因此，在通过因地形、地貌障碍形成的视线盲区时，驾驶人需提高警惕，避免侥幸心理。

（2）自驾车辆形成的盲区　由于车辆自身结构的原因，驾驶人坐在驾驶室内总会存在一定的视线盲区，如图4-45所示。这些盲区虽然对行驶中的车辆不能直接构成威胁，但是车辆在起步、倒车和通过人群密集的路段时，驾驶人一定要仔细观察车辆四周是否存在异常情况。

图4-44　地形、地貌盲区

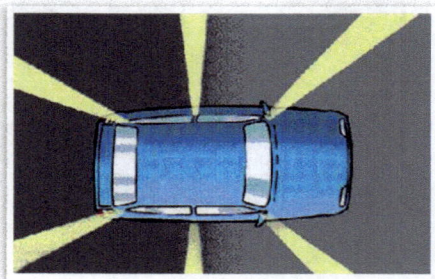

图4-45　汽车自身存在的盲区

（3）其他车辆形成的盲区　红灯变绿灯时，倘若两侧有大车，视线有盲区，此时千万不要盲目冲出去，可能此时恰好有车辆在闯黄灯。类似的情况，还有两种：

1）路边停着公共汽车，在经过时，驾驶人要时刻处于准备制动状态，因为随时都可能从公共汽车前面跑出一个人来，如图4-46所示。准备制动是指：只要驾驶人不踩加速踏板加速，右脚就必须放置在制动踏板上，也就是右脚只有两个动作状态，即踩加速踏板和除加速外所有时间放置在制动踏板上。

通过交通信号灯时，要假设有人闯红灯

图4-46　其他车辆形成的盲区

2）大货车低速行驶，在超车时，要时刻处于准备制动状态，大货车前面可能有摩托车拐弯，这个现象在北方特别严重，因为摩托车驾驶人认为自己的速度快过大货车，转弯没问题，而实际上，汽车驾驶人此时超车可能会正好撞上摩托车。

总而言之，汽车驾驶人要学会假想，假设视觉盲区里会有车辆冲出，只要把这种假想变成习惯，自己的安全意识就可以大大提升。

（4）建筑物形成的盲区　建筑物形成的盲区多数出现在市区道路路口或巷道处，如图 4 - 47 所示。驾驶人在通过这些盲区时，应首先估计到盲区内可能有险情，提前减速、鸣喇叭并做好随时制动的准备。驾驶人驾车通过居民住房门前时，要减速慢行并鸣喇叭，注意观察住房门前的情况。

（5）夜间车灯形成的盲区　夜间车灯形成的盲区主要是指双方灯光给对方造成的短暂性"盲区"，如图 4 - 48 所示。除此之外，由于灯光本身的可视距离有限，因此，驾驶人在夜间行车时，遇到前方有行人、骑车人时，除减速外，应变换一下灯光。如果前方有来车，驾驶人要提前变光告诉对方自己所在的位置，同时双方都能在变光中看清对方来车的情况。

图 4 - 47　建筑物形成的盲区

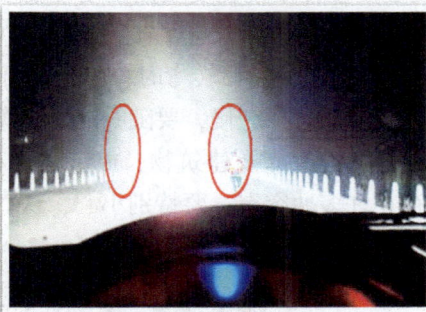

图 4 - 48　夜间车灯形成的盲区

第五节　通过交叉路口、障碍物的操作要领

01　通过交叉路口的操作要领

1）在通过交叉路口时，驾驶人应提前控制行车速度。汽车进入交叉路口一般要提前 50～100m 减速，以低于 20km/h 的速度通过，如图 4 - 49 所示。

2）通过有快、慢车道的交叉路口时，要在停车线以外 50~100m 处变换车道，如图 4-50 所示。高速车在交叉路口右转弯时应提前换入慢车道并减速；低速车在交叉路口左转弯时应换入快车道；决不允许在交叉路口中间临时变换行车行列。

图 4-49　提前控制速度

图 4-50　提前变道

3）各种车辆在交叉路口要注意交通标志和信号，服从指挥，不能在停车中抢信号起步，也不能在灯光变幻时突然加速强行通过，如图 4-51 所示。

4）在交叉路口转弯时，要先发出转向信号，转向路线尽可能靠近道路中心线。右转弯时要缓慢，要随时注意汽车转向内轮差的影响，防止内前轮通过后，内后轮掉沟或撞及建筑物，或者汽车横切路口转角而开上人行道。左转弯时，因存在许多冲突点，要特别小心，认真观察，谨慎驾驶，如图 4-52 所示。

图 4-51　缓慢通过才安全

图 4-52　左转弯时要谨慎

02　通过障碍物的操作要领

1）如果障碍物位于道路中间，其高度小于汽车最小离地间隙，宽度小于汽车轮距时，驾驶人可使汽车左、右车轮分别居于障碍物的两侧骑行通过，如图 4 - 53 所示。

2）当障碍物的最高点大于汽车最小离地间隙且宽于轮距，其质地又坚硬时，驾驶人应降低车速，换入低速挡，使一侧车轮压在障碍物的较低部位上，另一侧车轮在平路上，缓缓通过，如图 4 - 54 所示。

图 4 - 53　"骑行"障碍物

图 4 - 54　"压行"障碍物

第5章

复杂道路驾驶操作要点

第一节 泥泞、翻浆、冰雪路段驾驶的操作要点

01 泥泞路段驾驶的操作要点

1）在泥泞路上行车，驾驶人应尽量选择路面比较平整、路基坚实、泥浆较浅的路面行驶。如果道路上有车辙，可循车辙行驶，如图5-1所示。

2）在有积水的道路上行车时看不清路况，容易造成陷车，驾驶人应当谨慎行驶，谨防底盘与土堆碰撞或车轮陷入坑内，必要时应铲低土堆或填平坑洼后再行通过，如图5-2所示。

图5-1 循车辙行驶

图5-2 铲低土堆

3）在驶入泥泞路前，驾驶人应及早换入所需档位，保持足够的动力，中途尽量避免换档、停车，并做好自救准备。遇到车轮陷入打滑时，可用旧的毛毯、车垫、草席等垫在驱动轮下，增大附着力，将汽车驶出，如图5-3

所示。

4）如果遇到泥泞坡道时，一般应加速冲坡（见图 5 - 4），一气通过，尽可能少换档或停车，确需换档时应找准时机，用"抢档"的方法换档。

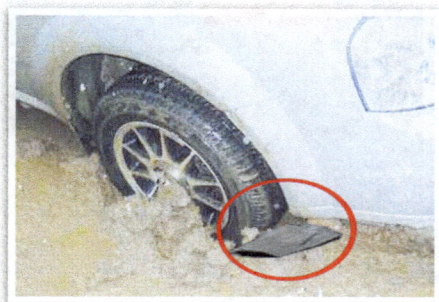

图 5 - 3　用硬物填塞在驱动轮下

图 5 - 4　冲坡驶过

5）在泥泞路段下坡时，因车轮向下滑动，可利用发动机的牵制作用进行控制。特别是在转弯时更应谨慎，防止汽车发生向一边横滑的危险。若发生侧滑，切忌使用制动，应立即松开加速踏板降速，并将转向盘向后轮侧滑的一侧适当转动，待侧滑终止、车身摆正后，再回正方向，慢慢加油前进，如图 5 - 5 所示。

图 5 - 5　避免侧滑的方法

02　翻浆路段驾驶的操作要点

1）汽车在翻浆路上行驶时，由于路面变形较大，滚动阻力增大，使路面附着系数减小，车轮容易在道路上空转侧滑，车速受到限制，制动效能降低，方向难以掌握，影响安全行车。因此，车辆行至翻浆路面时，驾驶人应停车进行察看，弄清翻浆程度、大小及距离，防止车辆陷入，如图 5 - 6 所示。

2）翻浆路柔软的路面可以吸收车辆行驶惯性，因此要求提供强大的动力驱动。当进入翻浆路行驶时，要在前轮还没有进入翻浆部位之前完成档位的变换，直接进入低速档（2 档或 1 档），保持充足动力，匀速通过，不得中途减速或停车；不可过急过猛转动转向盘，少用或不用制动，行驶中应加大车辆间、汽车与路边缘间的距离（见图 5 - 7），防止侧滑。

图5-6　停车观察路况

图5-7　加大会车间距

3）汽车陷入翻浆路中时应采取以下措施：

① 除去车轮上的泥泞。

② 坑浅而下层坚硬的路面，可铲除表面稀软泥土再通过。

③ 清除后轮前面的泥泞，铺垫沙、石、杂草、木板等，将车驶出，如图5-8所示。

④ 有差速锁止机构的车辆，当一个车轮发生打滑空转时，可将差速锁暂时锁止；有前轮驱动装置的汽车，在进入泥泞路段时，可使用前轮驱动装置。

图5-8　垫木板驶过

⑤ 陷入深坑内打滑空转时，可在汽车前面适当的距离处打下木桩或将木杠插在车轮下，用粗绳的一端拴在木桩上，另一端穿过内外钢圈孔拴住车轮。然后，用低速挡起步缓慢前进，驶出坑外。两侧车轮均被陷入时，应在双侧车轮采取同样的措施。若不能自救时，不要强行冲车，以免造成机械损坏；若打坏正时齿轮、断半轴等，这时应请求外援，让其他车辆帮助拖出。

03　冰雪路段驾驶的操作要点

1）冰雪道路上行车，驾驶人在出车前要认真检查车况，特别是制动系统，必须保证其技术性能良好；要备好铁锹、铁镐，以及防滑链、三角木等防滑用具，以备车辆滑溜时使用，如图5-9所示。

2）在冰雪路上起步时，离合器应在半联动状态下稍加停留，踩踏加速踏板要注意配合，使发动机在不熄火的条件下输出较小的动力，以降低驱动轮的转矩，适应较小的附着力，实现正常行驶。若车轮打滑、空转难以起步，可在驱动轮下铺垫沙土、柴草或煤渣等物（见图 5 - 10），或者用铁镐把驱动轮下及前方路面刨成斜沟，以增加地面的摩擦力。

图 5 - 9　准备要充分

图 5 - 10　增加轮胎附着力

3）行车中，驾驶人要集中精力谨慎驾驶，应根据道路情况、车辆的技术状况和自己的技术熟练程度掌握好车速，合理使用档位，换档动作要求准确、迅速、平稳，发现情况提前处理。制动时，应缓慢踏下制动踏板，待身体稍有前倾感时，保持踏板的位置或抬起少许，以消除车辆前冲的惯性，千万不能使用紧急制动，如图 5 - 11 所示。

4）即使在需要提高车速时，驾使人也要慢慢地踏下加速踏板，不要加速过猛，以防驱动轮因突然增加转速而打滑，或者因左、右轮在急加速中遇有不同阻力而产生急骤横滑，如图 5 - 12 所示。

图 5 - 11　紧急制动易造成侧滑

图 5 - 12　产生急骤横滑

5）在冰雪道路上行车，应沿路中心或积雪较浅的地方缓慢行进，如图 5 - 13 所示。转弯时，应降低车速，增大半径，缓缓转动转向盘，不要急转猛回，以免转弯过猛造成侧滑。通过斜度较大且较长路段的横向斜坡时，应停车消除较高一侧的积雪，或者挖一条与车轮同宽的沟槽，使车轮在槽内顺利通过。

6）在冰雪路上会车时，交会路线不要太靠路边，以免看不清路缘情况出现坠陷，如图5-14所示。同时，注意两车的横向间距，不要争道抢行。

7）雪路上驾车要佩戴防护镜或有色眼镜，能较好地防雪反光耀眼，以保护眼睛少受刺激，防止"雪盲"，如图5-15所示。

图5-13　靠道路中心行驶

图5-14　会车不要靠路缘太近

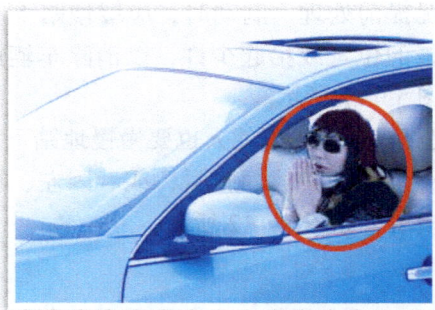

图5-15　戴墨镜有助防雪盲

第二节　高原、沙漠、戈壁路段驾驶的操作要点

01　高原路段驾驶的操作要点

1）在高原行车时一定要保持车况良好，出行前务必要对车辆进行认真检

查，特别是制动系统、转向系统、发动机、轮胎及车灯，一定要保持完好的状态，如图 5-16 所示。同时，出行前要确认自己的身体处于健康状态，如有感冒等症状就不要上路行驶。此外，出车前要备足油料，以及食品、饮用水、药品、防寒衣物及氧气袋等。

2）高原地区人烟稀少，途中救援条件较差，最好不要单车独行，应有结伴的车辆（见图 5-17），或者有同车的伙伴，驾驶人或同车的人中应该有熟悉汽车修理的。

图 5-16　做好出发准备

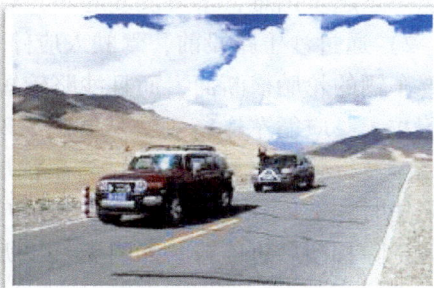

图 5-17　结伴而行

3）要注意选择道路，不要贸然离开主路。在被迫走荒路或遇到复杂路段时，驾驶人要下车察看路况（见图 5-18），对于无法确定能否通过的路段，最好绕行。

4）安排好每天的行程，在黑夜到来之前，选择合适的地点住宿，尽量减少夜间行车，如图 5-19 所示。

图 5-18　不明情况下车察看

图 5-19　提前选好住宿地点

02   沙漠路段驾驶的操作要点

1）沙地起步时，因路面松软，阻力大，起步时可用比正常起步档高一档的档位起步，松抬离合器踏板时稍快点，踩踏加速踏板的力度要稍大，但不可过大，让车辆突然前冲一下，离开原来的沙窝而正常行驶即可。如果加速踏板踩踏力度过大，起步过猛会使后轮空转下陷，如图 5 - 20 所示。在沙土路上一旦起步困难，不可反复起步，以防车轮进一步下陷。

2）通过沙土路段前，驾驶人应停车仔细观察道路情况。如果沙层不超过所驾车辆的轮胎横断面，而且沙路较短时，可用高速档通过；如果沙层较深，面积较大，应循车辙行驶，不要绕行和超车；通过表面有硬皮的沙层时，不能循车辙行驶，应另选线路，防止沙层硬皮碾碎后车轮陷入沙层中。在车轮被陷住时，不能猛踩加速踏板往前冲，而应垫上硬石块、草包之类的东西，或者铲除积沙后再前行，如图 5 - 21 所示。

图 5 - 20   沙漠陷车

图 5 - 21   铲除沙子自救

3）通过松软沙土路段时，驾驶人要根据沙地的情况提前使用合理的档位通过，应保持平稳的速度，不可忽快忽慢；转向盘的操纵要保持均匀，不可猛转猛回。如果是短而深的干沙路段，可用中速档稳住加速踏板，中途尽量不要换档、停车，平稳加油保持足够的动力通过。当通过困难时，可在关键的路段铺上草袋、树枝、杂草、木板等物再通过，如图 5 - 22 所示。装有轻胎气压调节系统的车辆，通过沙地前可根据沙地松软程度及本车的载重情况，适量放出轮胎气压以提高汽车的通过能力，但通过后应立即补充轮胎气压。

4）沙漠地带行车要选择正确的行车路线，转向盘不要猛转猛回，应尽量按车辙行驶，不要轻易超车，如图 5 - 23 所示；无车辙时，应尽量直线行驶。

行车中如需转弯，则应增大转弯半径，以减少行驶阻力，防止车轮下陷。

图 5-22 垫上自救板

图 5-23 循车辙行驶

5）如果事先知道将要通过沙漠地带，则应提前做好物质上的准备，如带上一定量的水，以及铁锹、木板、草袋等，如图 5-24 所示。

6）通过沙漠后，由于沙尘太大，会造成空气滤清器堵塞，造成进入气缸的进气量减少，燃烧不完全，冒黑烟，工作不稳定，油耗增加，等等。因此，通过沙漠后，驾驶人应对车辆进行必要的检查，如图 5-25 所示。

图 5-24 带足备用物资

图 5-25 通过沙漠后的检查

03 戈壁路段驾驶的操作要点

1）戈壁是沙漠边缘的一种地貌形态，地势起伏平缓，地面覆盖大片砾石，道路结构松散，沙粒之间黏结力极小，受挤压时极易变形，增大了汽车行驶的滚动阻力，如图 5-26 所示。行车前，驾驶人应了解道路情况，准备冷却水、饮用水、木板、麻绳等物品。

2）在戈壁道路上起步应尽可能一次成功，踩踏加速踏板的力度要适当加大，起步后保持直线中速或低速行驶，握紧转向盘，不可急转弯。如需转弯，半径要大（见图 5-27），转向盘要慢转，防止前轮受阻打横，突然增大滚动阻力，使驱动轮空转造成陷车。

图 5-26　戈壁路特点

图 5-27　戈壁滩转弯半径要大

3）行车中应仔细观察砾石的大小和结构，根据车辆的最小离地间隙决定通过方法。通常 200mm 以下的石头可采用单侧车轮碾过石头通过，如图 5-28所示。无法碾过的石头，小则下车设法搬移，大则在石头前放置小石块，使之形成台阶状驶过，需注意石头的另一端也同样放置石块，否则前轮过后底盘会碰到凸起的石头。

4）行驶时要选好档位一气驶过，中间不要停车，尽量不换档或少换档，如图 5-29 所示。必须换档时，动作要敏捷，保证车辆有足够的行驶惯性；必要时，可越级换档，防止因换档动作迟缓而停车。

图 5-28　通过有石块的路段

图 5-29　一气驶过

5）行驶时要匀速行进，防止驱动轮突然变换转速而造成陷车。如果车辆已陷住，首先要清除车轮周围的沙石，用木杠橇起，在轮下垫上木板、树枝等材料（见图5-30），再用低速档驶出。

6）遇到暴风时，应立即停车躲避，防止车辆被吹翻或被沙石击坏，如图5-31所示。风沙过后，驾驶人要察看车辆有无被风吹毁现象后再行车，以确保安全。

图5-30　轮下垫上木板

风沙天气

图5-31　及时躲避风沙

第三节　山区、乡村、郊区路段驾驶的操作要点

01　山区路段驾驶的操作要点

1）汽车上坡时，行驶阻力大，驾驶的车辆若选择档位不当、换档不及时或车辆出现故障等均会造成车辆后溜。因此，上坡时，要正确选择好档位，避免中途换档。若行驶中发动机突然熄火，则应立即同时使用制动踏板和驻车制动操纵杆停车；若出现失控倒溜情况，则应把车尾转向靠山的一侧，让山体抵住车尾，强行停车，如图5-32所示。

2）汽车下坡时，整车的重量前移推压，会造成转向沉重，制动效能降低，若驾驶人操作不当或处理不及时，将使车辆越跑越快，直至车速无法控制而发生坠崖翻车事故。因此，驾驶人在下坡前应认真检查制动踏板、驻车制动操纵杆及转向盘连接部位的工作情况，如图5-33所示。在下陡而长的坡道时，驾驶人应选择适当的档位，并利用发动机的牵阻作用控制车速。

图5-32 使车尾向山体一侧滑溜

图5-33 下坡前先检查制动情况

3）山路弯多且急，视线不良，驾驶车辆时稍有不慎或车速控制不当就会发生撞车、坠崖事故。为防止此类事故的发生，行车中应注意以下几点：

①在山路弯道行驶时，要严格控制车速，多鸣喇叭（夜间用断续灯光）警告，随时提防对面来车，如图5-34所示。

②车辆应选择中间或稍靠山的一侧行驶，并注意观察对面来车和山的一侧情况，不要窥视深涧悬崖，以免分散精力及产生紧张心理，如图5-35所示。

图5-34 及时减速并多鸣喇叭

图5-35 靠近山体一侧行驶

③在险要弯道上，如果发现对面来车，应注意路基的坚实程度，注意观察交通标志，合理选择安全地段行车；如果前行会车有危险，应停车等候让行，如图5-36所示。

④通过陡坡弯道时应提前降低车速，缓缓转弯，尽量少用制动，尤其不要在临近时使用紧急制动。通过路况不平的弯道时，要握紧转向盘，以防转向轮压石甩偏，使转向盘脱手失控，发生意外，如图5-37所示。

图 5 - 36　窄路等待让行

图 5 - 37　碾压碎石易甩偏

02　乡村路段驾驶的操作要点

1）通过凹凸路、障碍物时，驾驶人应保持正确的驾驶姿势，灵活运用方向，仔细观察路面和选择路线，尽可能保证匀速行驶，如图 5 - 38 所示。通过较大障碍物时，对转向盘的使用要适度，防止转得过死；要灵活运用加速踏板，切忌紧急制动，以免加大前轴负荷，折断钢板。

2）通过曲窄路时，驾驶人要正确估计弯道角度和路面宽度，除特殊情况外，尽可能在道路中间行驶。如遇人、畜、人力车等，应减速，鸣喇叭，随时做好停车的准备，如图 5 - 39 所示。窄路转弯时，驾驶人应使汽车尽可能沿道路外侧行驶，留足内轮差，还要防止擦碰路旁树木及障碍物。

图 5 - 38　凹凸路上谨慎驾驶

图 5 - 39　谨慎通过复杂路段

3）通过乡村集市路段时，驾驶人应集中思想，注意观察行人动态，预见各种交通现象的变化趋势，并做好应付突然情况的思想准备，沉着冷静，低速缓行，主动避让，谨慎驾驶。对路上行走的人，特别是肩挑手提负重物的行人，要鸣喇叭提醒，谨慎驶过，如图 5-40 所示。

4）行车过程中，驾驶人应随时注意各部机件的响声，勤观察仪表，发现异常立即停车检查，排除故障，以保证安全行车，如图 5-41 所示。

图 5-40　遇挑重担的人要谨慎

图 5-41　遇有故障应及时排除

03　郊区路段驾驶的操作要点

1）市郊道路连接着城市与乡村，大多为混合交通（即汽车与非机动车或车辆与行人在同一道路上混行的交通），如图 5-42 所示。对向车道间没有分隔带，机动车通过地上的标线进行分流，道路上车辆混合行驶，干扰较大，机动车的速度受到影响，并且易引起交通事故。因此，通过此种路段时要谨慎驾驶。

2）在无对向机动车时，车辆一般应靠近道路中心线行驶。当行人和非机动车较少时，可用中等以上的安全车速行驶。若路的一侧有情况时，车辆应稍偏向无情况的一侧，并鸣喇叭，以中等车速行驶，如图 5-43 所示。

图 5-42　郊区多为混合交通

图 5-43　谨慎从另一侧通行

3）郊区道路上人为障碍较多，有摆放杂物或设摊的，在收获季节道路上还有晾晒谷物等现象，通过时尽量避免碾压谷物，以免造成侧滑，如图 5 - 44 所示。

图 5 - 44　避免碾压路上谷物

第四节　涉水、施工、地震路段驾驶的操作要点

01　涉水路段驾驶的操作要点

（1）涉水前的准备工作

1）汽车涉水前，驾驶人应事先勘探水底情况，尽量选择水底平坦、坚实，水流较缓，水位较浅的地段通过。驾驶人对不熟悉的河川要认真勘探（如水深、流速、流向和水底情况），如图 5 - 45 所示。如果是季节性河流，还应了解上游的洪汛情况。

2）确定涉水路线。涉水路线的选择应以距离最短、水底最坚实为宜，树立标杆，以便汽车遵循指引的路线行驶。若水流过急，通过时可顺水流方向呈斜线行进，如图 5 - 46 所示。

3）汽车涉水前应检查车况，保证发动机运转正常，转向系统和制动系统灵活可靠，轮胎和制动鼓温度正常。若水流冲力较大时，可适当加大汽车的重量，以减小水对车的浮力作用和增加车轮的附着力，从而保证车辆涉水的稳定性，如图 5 - 47 所示。同时，用软管把消声器的排气口引向上方或拆除消声器，以防浸水后使发动机熄火。

（2）涉水时的注意事项

1）汽车下水时，速度一定要慢，防止溅起的水花浸入发动机而熄火，如图5-48所示。

图5-45　测量水深

图5-46　与水流方向呈斜线行进

图5-47　压重物涉水

图5-48　入水速度要慢

2）汽车涉水时，若发生车轮打滑空转，应立即停车，不要勉强进退，更不可猛踩加速踏板使车轮高速旋转，以防车轮下陷。停车后，如果河床是疏松的泥沙，应关闭发动机，以免汽车在发动机的抖动下越陷越深。若轮胎下陷严重，应用柴草、木板、石块等填塞轮胎周围，加强地质强度，然后组织人力或其他车辆协助拖出，如图5-49所示。

3）行车中，应以低档位稳踩加速踏板（保持车辆平稳和足够的动力）匀速前进，避免中途停车、换档或急转方向；驾驶人双目盯准前方固定目标，不可注视流水，以免扰乱视觉使车辆偏离正确的行驶路线，如图5-50所示。

图 5-49　协助救护

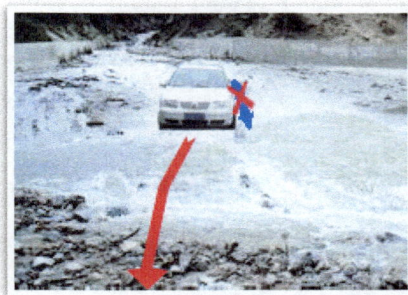

图 5-50　不可注视窗外水流

（3）涉水后的检查　汽车涉水后，驾驶人应将汽车驶离岸边并选择空阔的地点停车，拆除防水设备，将机件恢复原状，擦干电器设备的受潮部分，清除附于散热器上的漂流物，清除轮胎间的嵌石及底盘间的水草杂物，如图5-51所示。起动发动机，让发动机运转到正常温度，烘干发动机表面的潮气和水珠。经检查确认汽车技术状况完好后，再用低速档行驶一段路程，并轻踩几次制动踏板，让制动蹄与制动鼓发生摩擦，使附着的水分受热蒸发，待制动效能恢复后，再转入正常行驶。

图 5-51　去除轮胎上的杂草

02　施工路段驾驶的操作要点

1）通过道路施工路段时，驾驶人一定要注意交通标志信号，控制车速，保持适当车距，掌握好转向盘，如图5-52所示。

2）在施工现场不允许走错道路，因此，驾驶人应根据对向来车的距离和高度，判断是先行还是停车等待。注意观察施工情况，听从施工人员指挥，如图 5-53 所示。无人指挥时，驾驶人应遵照标牌指示行车。夜晚通过时，驾驶人要注意红灯标志，必要时停车察看情况，不可冒险前进。

图5-52　通过施工路段时要减速

图5-53　听从施工人员指挥

03　地震路段驾驶的操作要点

1）在视野较好的情况下，驾驶人要时刻注意山体一侧的变化。当有碎石从山体滚下时，驾驶人应采取停车或加速驶过的方法，迅速将车辆驶往相对宽阔的地域。若汽车行驶的路面遭破坏较为严重，驾驶人应下车察看路基的坚实情况，以免行驶中出现塌陷，如图5-54所示；同时，还要查清道路上凹凸物的大小，选择相对较好的行驶路线，以免路上凸起物擦碰底盘或造成车轮悬空等事故。

2）在路上有散落石块时，驾驶人应根据障碍物的大小及道路的情况，选择躲避或骑压障碍物通过。通过有山体滑坡、道路坍塌的路段时，应降低车速，平稳通过，如图5-55所示。切莫猛踩加速踏板行驶，以免过大的发动机噪声带来山体、路基再次滑坡。

图5-54　察看道路通行情况

图5-55　降低车速，平稳通过

　　3）遇有因弯道而造成的盲区时，驾驶人应提前下车观察弯道盲区的情况，以免转弯时因弯道盲区内路基塌陷或山体滑坡堵塞道路时来不及制动而发生碰撞或坠崖事故。若对面来车交会且路面较窄，驾驶人可视情况停车让行，如图 5-56 所示。

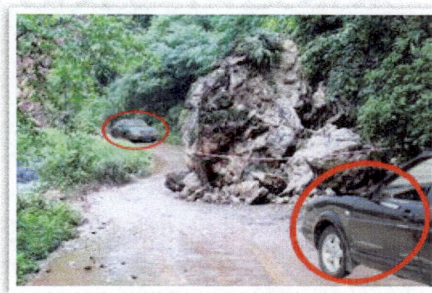

图 5-56　停车让行

第6章

城市道路驾驶的操作要点

第一节　城市交通的特点与驾驶要点

01　公共汽车行驶的特点

公共汽车体积大，载客多，起步慢，停站多。公共汽车上下乘客时，车前与车后闯入道路的行人多。公共汽车进出站时，非机动车绕行较多。针对这些特点，在超越停站的公共汽车时，应加大横向间距，多鸣喇叭，并注意非机动车和行人的动向，做好随时制动的准备，如图6-1所示。

图6-1　小心公共汽车前后的行人

02　出租车行驶的特点

遇出租车时，最好与其保持较大的安全间距，并随时准备停车，预防出租车突然停车上下乘客，如图 6-2 所示。特别是遇路边停放的出租车时，应预防其突然打开车门或起步后迅速驶向路中抢道行驶。

图 6-2　小心出租车随时停靠

03　摩托车行驶的特点

1）尾随摩托车时，保持足够的安全间距，特别是在人行横道、公共汽车站或路口附近处，防止其突然制动或摔倒，如图 6-3 所示。

2）超越摩托车时，注意观察摩托车前方情况，预防其因绕行障碍突然变更路线，应适当加大侧向间距，避免与其争道抢行或强行超越，如图 6-4 所示。

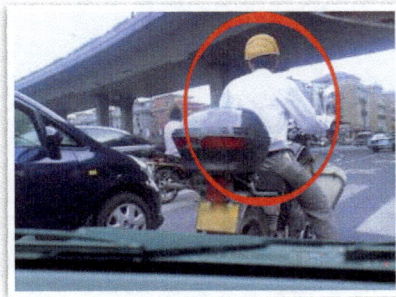

图 6-3　路口突然停止

图 6-4　避免争道抢行

04　骑自行车人的特点

（1）胆怯心理　骑车人，一无驾驶室，二无头盔，一旦出事就是弱者，所以，骑车过程中离机动车越近，机动车的速度越快，骑车人就越害怕，如图6-5所示。

（2）侥幸心理　骑车人的侥幸心理表现的场合比较多，如从小巷、支路高速窜向大街等，如图6-6所示。

图6-5　胆怯心理

图6-6　侥幸心理

（3）无安全意识　有些骑车人明知《道路交通安全法》是必须遵守的规定，但就是不遵守，不执行，行驶过程中带人、带重物、双手离把、互相追逐、高速下坡等，如图6-7所示。

（4）超越心理　一般骑车人都有骑车抢时间、争先恐后的心理。特别是男青年，遇到前面自行车速度慢就非超不可，甚至好骑飞车、好抢道，如图6-8所示。

图6-7　无安全意识

图6-8　超越心理

05　不同行人的特点

（1）少年行人动态的判断　少年行人的特点是活泼好动、贪玩好奇、思想单纯，但不太懂得交通规则，也不太了解机动车的性能和对人的危害。所以，他们常在公路上打闹、追逐，甚至在车子上坡时爬车，如图 6-9 所示。玩耍中遇到汽车时，他们就一阵乱跑，顾前不顾后，为了抢拾玩具，有时不顾危险地冲到马路上来。

（2）青壮年行人动态的判断　青壮年是生命力旺盛的时期，感知敏锐，反应快，应变力强，关于交通安全的知识较丰富，一般都熟悉行人应遵守的交通规则。但是，有的人故意不遵守交通规则，尤其是青年人，在汽车临近时，敢于"以身试车""大胆横穿"，如图 6-10 所示；有的人在马路上并排行走，听到喇叭声也满不在乎。驾驶人对于青壮年，要留心观察其动向，对个别违反交通规则的人，一定要冷静、耐心，不要生气，更不要开斗气车。

图6-9　少年行人贪玩好奇

图6-10　突然横穿马路

（3）老年人动态的判断　老年人常常不能正确估计车速和自己横过马路的速度，准备横穿时犹豫不决，有时行至中途看到左边有车开来时又突然退回。老年行人行动慢，躲避车辆的能力差，尤其是遇到腿脚不好的老年人，驾驶人要主动停车让行，如图 6-11 所示。老年行人比较谨慎，胡乱横穿马路的不太多；有时在与车子同方向前进时，常避让在路旁，目送车子过去后再走路；与车子相对行走时，一般都主动让车。

（4）女性行人动态的判断　女性在路上行走较为迟缓，喜欢成群结队、拖儿带女。她们在成群结队行走时，嬉笑言谈会妨碍对汽车的感知，听见喇叭声之后，胆大者向对面跑去，胆小者就地避让，也有跑向对面后发现同伴没跟来又跑回去的。带着孩子上街的女性，她们大多是一手领着小孩，一手提着物品，此时，横穿马路的速度更会大大降低，驾驶人对此更要小心谨慎，如图 6-12 所示。

图6-11　遇到老人先停车

图6-12　女性行人的特点

（5）外地行人动态的判断　外地行人携带行李，行动困难，再加之人地生疏、交通不熟，往往东张西望。他们在很远处看见汽车驶来，就急忙闪躲到道路的一边，但待汽车临近时，又觉得自己所处的地方不安全，以致惊慌失措，左右徘徊，甚至会向道路的另一边跑去，从而发生事故。驾驶人遇到这种类型的行人时，必须认真观察，提前减速，并设法使车辆在离他们较远处驶过，如图6-13所示。此时，驾驶人切勿在车辆接近时突然鸣喇叭警吓，以免对方盲目躲闪，发生事故。

（6）痴呆者和精神病人动态的判断　痴呆者和精神病人的基本特征是神态反常。他们有的情绪低落，呆头呆脑，自言自语；有的嬉皮笑脸，手舞足蹈，乱叫乱喊。由于他们已失去理智，所以往往或出于自发，或受人唆使做一些正常人不该做的事，如迎着来车走来走去（见图6-14），或突然冲向来车，趴于车轮下等。遇到这种情况，驾驶人必须设法低速缓慢绕行，决不可对其恫吓或用武力驱赶。若精神失常的人与汽车缠闹，驾驶人应关闭驾驶室门，不要离开驾驶室与其纠缠，待其离开之后再起步行驶。

图6-13　外地行人的特点

图6-14　精神病人的特点

（7）对安全过于敏感的行人　有的行人看到汽车驶来或听到汽车行驶声，就急忙避让；汽车驶近时则惊慌、犹豫，甚至会突然跑向路的另一边，如图6-15所示。若同行的人多，路两侧都有同伴，会难以确定避让方向，更易发生危险。在此情况下，应提前（20m以外）鸣喇叭并减速，密切注意行人的动向，预计可能发生的危险，握稳转向盘，随时做好制动的准备，谨慎通过。切勿在临近行人时突然鸣喇叭，更不可冒险高速通过。

（8）顾前不顾后的行人　顾前不顾后的行人，发现后面有汽车，会向路边避让，但汽车一通过就回到路中间来，而不注意后面的随行车辆。有的人甚至把后一辆车的喇叭声误以为是前车发出的，不加理会，往往容易发生事故。还有已横穿公路至中间的人，看到对面来车，立即后退避让，或者惊慌往回跑，却不顾后面来车，极易发生事故，如图6-16所示。有些挑担的人，听到汽车声，虽已避让，但担子横出肩外，或者在汽车临近时突然换肩，造成汽车碰挂担子而引起伤人。行人中常见顾此失彼者，驾驶人要及时发现，提前做好准备，注意判断行人的动向，减速慢行，随时准备停车，做到防患于未然。

图6-15　对安全过于敏感的行人

图6-16　顾前不顾后的行人

（9）麻痹大意的行人　麻痹大意的行人的安全意识和交通法规观念较为淡薄，总认为汽车不会也不敢撞人，所以，即使知道有汽车驶来，甚至车已临近，驾驶人鸣喇叭催促，他们还是不肯快速避让，慢慢吞吞地不予理会，甚至故意往道路中间走或边走边回头，这种类型的行人以青少年居多，市区较为常见，如图6-17所示。对此情况，驾驶人要有耐心，多鸣喇叭，降低车速，设法避让通过，不可粗暴急躁，更不可意气用事，与行人赌气加速通过，以防恶性事故的发生。

（10）沉思中的行人　有的人因思考某个问题，或者有不顺心的事，单独行走，陷入沉思，精神不振，垂头缓行或始终注视某一个方向，仅仅是双腿在做本能的移动，对外界的事物置若罔闻，听不到汽车行驶声、喇叭声，如图6-18所示。发现这一情况，驾驶人应提前鸣喇叭，务必减速慢行，保持尽可能大的安全距离绕过，并随时做好停车的准备，以防车辆临近时行人被"惊醒"，而突然横穿公路，造成事故。

图6-17　麻痹大意的行人　　　　　　　图6-18　沉思中的行人

06　城市一般道路行车的注意事项

（1）要严格遵守交通信号灯的指示　信号灯是城市交叉路口的主要交通指挥设施，任何车辆都必须服从交通信号灯的指示。当红灯亮时，驾驶人应将车辆停在停止线（白色实线）以内，如图6-19所示；绿灯亮时，准许车辆通行，但转弯的车辆要给直行的车辆让路，不得妨碍直行的车辆；黄灯亮时，不准车辆通行，但已越过停车线的车辆可以继续行驶。当黄灯闪烁时，驾驶人和行人都必须格外小心，注意在确保安全的条件下通过。

（2）不要随意压（越）线行驶　城市道路上画有很多交通标线，这些标线有的是可以压（越）的，而有的是不可以压（越）的。道路中心的单实线、双实线（白色或黄色）是不能压（越）的。道路中心的虚线，在超车和转弯时可以短时间压（越），如图6-20所示。

（3）不要随意鸣喇叭　为了减少城市的噪声，许多大城市规定在市区内某些路段禁止鸣喇叭，设有禁鸣喇叭标志，如图6-21所示。即使是允许鸣喇叭的路段，喇叭的音量也要控制在150dB以下，每次鸣喇叭不超过0.5s，连续鸣喇叭不许超过3次。

（4）车辆不得随意停放　随意停放车辆会阻碍城市交通，严重时会造成交通堵塞。为此，在城市道路上临时停车，要按顺行方向靠道路右边停车，当妨碍交通时必须立即离开，不准将车辆停在禁止停放的路段，如图6-22所示。

图 6-19　前保险杠在白色实线以内

图 6-20　视情况压线超车

图 6-21　注意城市禁鸣区

图 6-22　禁停路段不得违章停车

07　车道行驶的特点

（1）在划分机动车道与非机动车道的道路上行驶　在划分机动车道与非机动车道的道路上，机动车应在机动车道上行驶。通常情况下，不允许车辆越过中心线或压线行驶。若因故借道行驶，不准妨碍该车道正常行驶的车辆。当车辆通过人行横道时，不得妨碍有先行权的行人通行，如图6-23所示。

（2）在划分快车道和慢车道的道路上行驶　在有两条以上机动车道的道路上，小型快速车辆在左侧车道行驶，大型慢速车辆在右侧车道行驶，如图6-24所示。画有黄色实线处表示严禁车辆超线改变车道或越线超车。

（3）在无标线的道路上行驶　在无标线的道路上，机动车一般居中偏右行驶，非机动车则紧靠道路右侧行驶，如图6-25所示。如果因超车、会车等情况，必须占用他车的行驶路线时，按规定必须让有通行权的车辆先行。

（4）在有专用车道的道路上行驶　道路画设专用车道的，在专用车道内只准许规定的车辆通行，其他车辆不得进入专用车道内行驶，如图6-26所示。

图6-23　让行人行横道上的行人

图6-24　分道行驶

图6-25　靠道路中心偏右行驶

图6-26　公共汽车专用通道

08　封闭街道的驾驶要点

（1）控制车速　尽管封闭街道的通行条件较好，但由于道路上行驶的车辆较多，所以，驾驶人应将车速控制在40km/h以下，必要时采取中低速档位行驶。如有限速标志，以限速标志为准，以便于紧急制动，如图6-27所示。

（2）保持车距　封闭街道车辆机动性大，故应保持适当的车距，以便处理紧急情况。但要注意车距不应过大，否则将影响道路通过性，如图6-28所示。

（3）减少超车　在封闭的街道上超车非常危险，一般不要超车；当感到难以保持适当的车距时，可以适当超越，但超车时应保持视线良好，不影响交通安全，如图 6 - 29 所示。

图 6 - 27　低速通过封闭路段

图 6 - 28　应保持合适的跟车距离

图 6 - 29　视情况择机超越

09　非封闭街道的驾驶要点

1) 驾驶人应严密注视道路两边的非机动车和行人的动态，一旦发现其横穿公路，应立即减速，并随时准备停车，如图 6 - 30 所示。

2) 在机动车、非机动车及行人混杂的路段行驶，驾驶人应选择低速缓行，主动礼让，如图 6 - 31 所示。

3) 在交叉路口、转弯处或路窄人多的街道，应随时鸣喇叭，缓慢行驶，时刻提防从巷内、路口突然冲出的行人，如图 6 - 32 所示。

4) 在学校、公园门口等行人出入较多的地方，驾驶人应随时做好减速及停车的准备，主动让行，如图 6 - 33 所示。

图6-30　注意突然横穿的人

图6-31　礼让非机动车

图6-32　路口要缓慢行驶

图6-33　主动停车让行学生

第二节　城市交叉路口的驾驶要点

01　有交通标志或信号灯的平面十字交叉路口的驾驶要点

1）要严格遵守"红灯停，绿灯行"的规则，在十字交叉路口遇到红灯时，直行或左转弯车辆应停在停车线外，右转弯车辆在不影响被放行车辆正常行驶，并保证路边行人安全的情况下可以右转弯，如图6-34所示。

2）注意十字交叉路口的交通标志和信号灯，服从指挥，绝对不能在停车中抢信号灯起步，更不能突然加速强行通过，如图6-35所示。

图 6-34　确保安全的情况下右转弯

图 6-35　不可抢黄灯强行通过

　　3）控制行车速度，在行近十字交叉路口时，驾驶人必须在距路口 30～100m 的地方减速，最好将车速控制在 5～10km/h 为宜。通过有快慢车道或多车道的十字交叉路口时，均要在离路口 50～100m 处交换车道，如图 6-36 所示。

　　4）如果要在十字交叉路口转弯，应提前发出转向信号，进入导向车道，夜间必须将远光灯改用近光灯，减速慢行，认真观察，小心通过，如图 6-37 所示。

图 6-36　提前减速变更车道

图 6-37　有路灯时使用近光灯

　　5）由于十字交叉路口的视线盲区较大，驶过十字交叉路口的车速不得超过 20km/h。被放行的直行车辆与转弯车辆相遇时，直行车辆享有先行权，如图 6-38 所示。

图 6-38　转弯让直行

02   没有交通标志或信号灯的平面十字交叉路口的驾驶要点

1）非机动车与机动车相遇时，应让机动车先行，如图6-39所示。

2）支路车让干路车先行，如图6-40所示。

图6-39　让机动车先行

图6-40　支路车让干路车

3）支路、干路不分的，非机动车让机动车先行，非公共汽车、电车让公共汽车、电车先行，同类车让右边没有来车的先行，如图6-41所示。

4）相对方向同类车相遇，左转弯的车让直行或右转弯的车先行，如图6-42所示。

图6-41　让行公共汽车

图6-42　左转弯的车让直行的车

03   T形路口的驾驶要点

1）右侧无岔路口的直行车辆，遇红灯时必须停车，待绿灯后再通过路口，如图6-43所示。

2）遇有同车道有左转弯的前车正在等候放行信号时，后车必须依次停车等候，不可突然变道直行，如图 6 - 44 所示。

图 6 - 43　不可直行

图 6 - 44　不可突然变道

04　环形路口的驾驶要点

1）机动车行经环形路口，一律绕"环岛"设施沿逆时针方向单向行驶，至所要去的方向的出口驶出。

2）在大型环形路口内的车道上一般设有隔离带，供机动车与非机动车分道行驶；在机动车道内，有的画设两条以上车道，供驶往不同方向的机动车分道行驶。

3）右转弯车辆必须进入右边车道行驶；直行和左转弯（含掉头）车辆必须进入左边车道（画设三条车道时直行车辆进入中间车道）行驶。

4）机动车行经环形路口以前，必须及时减速。

5）车辆驶入"环岛"时必须提前开左转向灯，驶出时提前开右转向灯并进入右边车道，如图 6 - 45 所示。

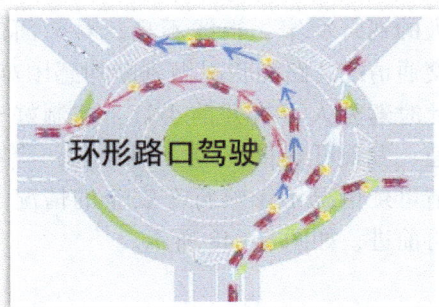

图 6 - 45　环形路口的驾驶要点

第三节　城市复杂路段的驾驶要点

01　城市胡同的驾驶要点

1）汽车进入胡同口时，应降低车速，鸣喇叭，驾驶人应思想要高度集中，注意观察，耐心谨慎驾驶，如图6-46所示。

2）汽车在胡同内应选择道路中间行驶，严密注视胡同内及两旁的行人和其他车辆的动态，随时做好停车的准备，以保证安全行驶，如图6-47所示。

图6-46　胡同中驾驶要谨慎

图6-47　警惕随时穿行的行人

3）在黑暗的胡同内行驶时，驾驶人的视野变窄，视线不良，对前面的交通情况、路面状况做判断均感困难，此时驾驶人可打开前小灯，控制好车速，发现可疑情况应立即停车，待弄清可疑情况不影响行车安全的情况下再前进，如图6-48所示。

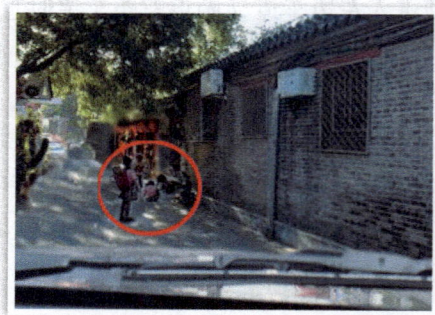

图6-48　视线不良不可盲目行驶

02　摆摊街道的驾驶要点

（1）正确判断　驾驶人要有正确的判断能力，准确估计车辆是否能够通过摆摊街道，同时还要注意前后的行人及其他车辆的动态。

（2）低速行驶　在摆摊街道行驶时，驾驶人要有耐心，不能急躁，应降低车速，并随时准备停车。

（3）谨慎驾驶　正确操纵转向盘，切忌猛转猛回，以免因为内轮差而造成剐蹭事故。使用加速踏板要平稳，防止因使用不当而造成冲撞行人的事故。

（4）文明行车　驾驶人对影响通过的摊位，不要硬挤，必要时可下车帮助挪动，以便通过，如图 6 - 49 所示。

图 6 - 49　摆摊街道行车不硬挤蛮行

03　闹市区的驾驶要点

在闹市区行车时，驾驶人应严密注意行人和其他车辆的动态，注意观察交通信号灯和交通标志。在上下班交通高峰时段，自行车及行人较多，驾驶人必须严格控制车速，决不可用汽车挤开人群。如遇高峰时间确实无法通过时，可暂时停车等候。遇到集会时，要注意尊重当地人的风俗习惯，不可开车闯入集会的人群之中，如图 6 - 50 所示。

图 6 - 50　遇到集会的人群要谨慎驾驶

第四节　城市立交桥的驾驶要点

01　立交桥交通标志的识别要点

立交桥的种类比较多，通行方法各异，但最关键的一点是要看清道路交通标志，如图 6 - 51 所示。立交桥上的交通标志分为立交桥指路标志和立交桥指示标志。由于汽车在立交桥的路段上行驶速度比较快，而立交桥本身又很庞大，如果对路段不熟悉，则很难有充分的时间来识别立交桥的类型。为此，驾驶人必须在远离立交桥时就留意观察道路前方的指路标志。指路标志是一种整体式指示标志，注有方向和地点的说明。驾驶人从中可对立交桥的类型及通行方法有一个全面的了解。

图6-51　上桥前认清立交桥的交通标志

02　分离式立交桥的驾驶要点

分离式立交桥是指相交道路之间没有特设匝道的立交桥。它是一种最简单的立交桥，一般只能保证直行方向的交通互不干扰，转弯车辆（特别是左转弯车辆）则根据具体情况允许其在交叉路口处平面交叉。车辆在立交桥桥上层行驶时，当接近坡顶时难以判断对面来车的情况，为此驾驶人应降低车速，注意观察，如图6-52所示。车辆在立交桥下层行驶时，驾驶人要认真观察限制高度标志，尤其是运载超高物品时应注意净空高度，避免通行受阻。

图6-52　立交桥上层通行

03　互通式立交桥的驾驶要点

1）进入立交桥之前，驾驶人要注意观察桥头前方的交通标志牌，掌握立交桥的结构形式及其相应的行驶路线；上桥后，要根据指路标志的提示，选择行驶路线和立交桥的驶出口。进入立交桥匝道前要降低车速，开右转向灯进入右转弯的车道行驶，避免影响其他车辆的正常行驶，如图 6－53 所示。

2）由匝道驶入主干道或次干道时，为了便于主干道、次干道和非机动车道上的车辆及行人的观察，应打开左转向灯，尤其是在傍晚路灯照明之前；同时应注意不能直接驶入中间车道，以免影响在快车道或中间车道上正常行驶的车辆，造成追尾或侧面碰撞事故，如图 6－54 所示。

图 6－53　提前打开转向灯变道

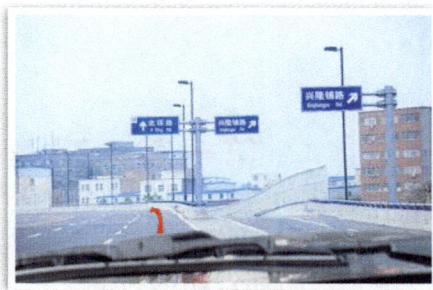

图 6－54　进入主干道要缓

3）行经上跨式立交桥时，要控制爬坡速度，同前车保持足够的行驶距离，临近坡顶之前要适当抬起加速踏板，降低车速，如图 6－55 所示。行经下环形立交桥时，根据道路的交通情况控制车速，与前车的安全距离要比上坡时长。

4）行驶途中驶错桥或路线，驾驶人要沉着冷静，并且不可逆行、掉头、倒车和转弯行驶，如图 6－56 所示。行经桥下时必须自觉遵守交通法规，不抢行，注意礼让，避免人为的交通堵塞而影响整个路口车辆的通行。

图 6－55　进入上跨式立交桥要减速

图 6－56　立交桥上严禁掉头

第7章

高速公路驾驶操作要点

第一节 高速公路的交通特点

01 高速公路的特点

1）机动车专用，非机动车、行人不准进入。

2）双向车道之间有栏杆和矮树相隔，并有几条车速不同的车道，如图7-1所示。

3）采用立体交叉，排除横向来车和行人横穿马路的干扰。

4）路面平整坚固，坡度缓和，没有急弯，没有交通信号灯。

5）具有完善的现代化交通管理及交通安全设施。

图7-1 高速公路车道

02 高速公路的交通特性

（1）行车速度快 一般高速公路的最高行车速度是120km/h，如图7-2所示。一条车道每小时可通过1000辆中型车，比一般公路的通行量高出3~4倍。汽车高速行驶，可以大大降低油耗和运输成本。据有关资料统计，在高速公路上行驶与在普通公路上行驶相比，每辆车每公里的油耗和运费可分别降低25%~42%和53%。

（2）通过能力大　高速公路最少为双向四车道，最低通过能力每天可达 2.5 万辆车次，一般情况下可通过 5 万辆车次，最大通过能力达 7 万 ~ 8 万辆车次，而一条普通公路的通过能力仅为 0.5 万辆车次。一条高速公路相当于 5 ~ 16 条普通公路的通过能力，也大于一条双轨铁路的通过能力。高速公路的发展，有力地促进了汽车运输车辆的大型化（重载汽车）、拖挂化（汽车列车）、集装箱化和专用化（如冷冻）等，不仅公路本身通过的汽车数量过多，而且汽车运载力越来越大，使运输效率大大提高，如图 7 - 3 所示。

图 7 - 2　高速公路的限速标志　　　图 7 - 3　高速公路的大流量运输

（3）运输时间短　高速公路由于技术等级和质量高，各方面条件具备，使汽车运输不受时间和气候的限制，能全天候 24h 运行，使货物和旅客在途中运行的时间大大缩短，有利于提高工作效率，如图 7 - 4 所示。高速公路使货物的周转速度快，在各种运输方式中处于有利地位。

（4）交通事故少　因为高速公路有严格的管理系统，全段采用先进的自动化交通监控手段和完善的交通设施，全封闭，全立交，无横向干扰，沿途各种标志齐全，所以，使交通事故大幅度地下降，事故率只有一般公路的 1/4 ~ 1/3，但发生事故后的死亡率是一般公路的 2 倍，如图 7 - 5 所示。

（5）乘车舒适性好　高速公路的线形标准高、路面坚实平整，可提供 120km/h 计算行车速度条件下车体纵向不颠簸、横向舒适的行车条件，行车平稳，乘客长时间乘车不会感到疲劳，如图 7 - 6 所示。

图7-4　高速公路的全天候运输

图7-5　高速公路上的交通事故

图7-6　平稳的高速公路

03　在高速公路上驾驶的特别规定

1）行人、非机动车、拖拉机、轮式专用机械车、铰接式客车、全挂拖斗车及其他设计最高速度低于70km/h的机动车不得进入高速公路，如图7-7所示。高速公路限速标志标明的最高速度不得超过120km/h。

2）机动车在高速公路上发生故障需要停车排除时，驾驶人应当立即开启危险报警闪光灯，将机动车移至不妨碍交通的地方；难以移动的，应当持续开启危险报警闪光灯，并在来车方向设置警告标志等扩大示警距离，警告标志应当设置在故障车来车方向150m以外，车上人员应当迅速转移到右侧路肩上，并且迅速报警，如图7-8所示。

3）机动车在高速公路上发生故障或交通事故，无法正常行驶的，应当由救援车、清障车拖曳、牵引出高速公路，如图7-9所示。

图 7 - 7　不得进入高速公路的车辆

图 7 - 8　车上成员及时转移到右侧路肩

图 7 - 9　清除故障车

04　高速公路行车计划的制订要点

驾驶人在高速公路上行车前必须制订一个简单的行车计划，计划的内容主要包括：进出路口的位置、行驶路线、沿途道路及交通状况、行车时间及途中休息、进餐、加油等，如图 7 - 10

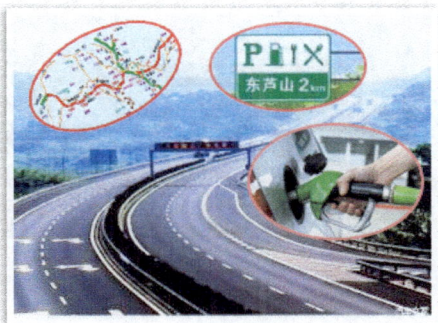

所示。制订行车计划时，驾驶人要根据自己到达目的地的距离、时间，详细了解高速公路沿途的有关情况，如出口地点、弯道、坡度、气象条件及加油站、维修站和其他服务设施的位置等，这样才能让制订出的计划与行车实际相符，为安全行车提供指导。

图 7 - 10　详细制订行车计划

05　高速公路驾驶的准备要点

　　各种机动车都难免有故障的发生，高速行驶的车辆故障率要更高一些。因此，行车前，驾驶人应注意检查一下随车工具是否齐全。另外，在高速公路上，因故障需要停车时，应设置停车警告标志，如图 7－11 所示。

图 7－11　设置停车警告标志

第二节　驶入高速公路的要点

01　通过高速公路收费站的要点

　　1）汽车临近收费站时要减速缓行，准备驶入高速公路的车辆应依次排队，按次序取卡通过，切勿急于通过而争道抢行，如图 7－12 所示；装有 ECT 的车辆，在通过收费站口的时候也应降低车速通过，以便于读卡放行。

　　2）汽车在进入收费站前，驾驶人应密切注视通道上方的灯光信号和控制入口前的情报标志板，了解哪个通道可以通行及前方道路的通行情况，如图 7－13所示。

图 7－12　有序排队进站

图 7－13　看清可通过的入口

　　3）进入收费站后，尽量靠近收费亭，使驾驶室门窗对齐收费口，便于收费人员和驾驶人交接通行卡或票证，如图 7－14 所示；但也要注意保持横向距离，以免发生碰撞。

　　4）在入口处领到通行卡或票证后，要妥善收存好，以备出口时交卡或验票。切忌将通行卡或票证随手乱丢，以免到达收费口时为寻找通行卡或票证耽误时间而影响通过速度，如图 7 - 15 所示。

图 7 - 14　驾驶室要正对收费口

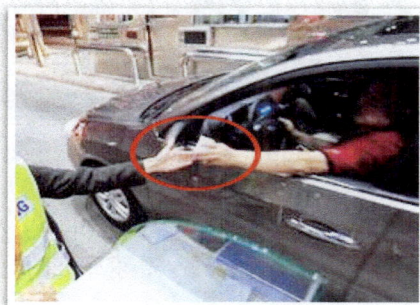

图 7 - 15　妥善保管通行卡或票证

02　高速公路匝道的驾驶要点

　　1）确认车辆行驶路线，不要驶错方向，如图 7 - 16 所示。

　　2）在确定方向之后，应尽快将车速提高到 50km/h 以上驶入加速车道，如图 7 - 17 所示。

图 7 - 16　提前确认行车路线

图 7 - 17　驶入加速车道

　　3）匝道上不准超车、停车、倒车和掉头，如图 7 - 18 所示。

　　4）具有弯道和坡道的匝道一般要限制车速，应注意警告标志，如图 7 - 19 所示。

图7-18 不准在匝道上超车

图7-19 严格遵守匝道限速要求

03 高速公路加速车道的驾驶要点

1）不允许未在加速车道加速而直接驶入行车道，如图7-20所示。

2）当前车加速性能较差或停车时，要与前车保持一个能够在加速车道上充分加速的距离，避免在加速车道前端停车，如图7-21所示。

3）汇入行车道时，操纵转向盘要轻缓，不应过急过猛，如图7-22所示。

图7-20 不能直接进入行车道

加大与前车的距离

图7-21 保持足够的车距

图7-22 汇入行车道时操纵转向盘要轻缓

04　驶入行车道的驾驶要点

（1）遇到低密度车流时的驶入方法　当行车道上的车流密度较小、车辆相距较远时，可按图 7-23 所示的方法驶入高速公路。

（2）遇到高密度车流时的驶入方法　当行车道上的车流密度较大、车辆相距较近或以车队状态行驶时，可按图 7-24 所示的方法驶入高速公路。

图 7-23　可视情况快速驶入行车道

图 7-24　驶入车流要谨慎

第三节　高速公路一般路段的驾驶要点

01　高速公路分道行驶的要点

高速公路有双向四车道、双向六车道、双向八车道三类。以双向六车道为例，以沿机动车行驶方向左侧算起，第一条车道为超车道，第二条、第三条为行车道，如图 7-25 所示。进入高速公路后，可从道路的标牌或道路的标志箭头得知各种类型车辆所应行驶的车道。驾驶人在高速公路上必须严格遵守分道行驶的原则，所有车辆都应按照各种类型车辆所应行驶的车道各行其道。

图 7-25　高速公路的车道划分

02   高速公路跟车驾驶的要点

1）注意自然加速与自然减速 高速公路上有坡道的路段，便有自然加速和自然减速现象。驾驶人应根据道路标志，判断容易引起自然加速或自然减速的路段，预测车速发生的变化，避免超速行车或低于规定车速行车，如图7-26所示。

2）注意小型车与载货车的不同特性 高速公路上没有信号灯，没有反向行驶车辆，之所以发生碰撞，是因为车群和车流的变化、车群的解体和重新组合、驾驶人注意力不集中等，如图7-27所示。在高速公路上，驾驶人若不掌握车流变化的识别方法，仅凭自己的意志行车，肯定要发生事故。

3）注意不要紧随大型车辆 在紧随大型车辆之后时，驾驶人的视线大部分被大型车辆的尾部所遮挡，导致看不见前方情况，近似于盲目行车，驾驶人只能以大型车辆的动作作为决定自己车辆行动的情报源，如果大型车辆紧急制动，则很可能发生追尾撞车事故，如图7-28所示。为此，在高速公路上跟随车流时，一般不要尾随在大型车辆之后，若前方是大型车辆，则一定要保持足够的车间距离，或者尽早超越。

图7-26 小心下坡超速

图7-27 注意不同车型的行驶特点

图7-28 避免紧随大型车辆行驶

03　高速公路行车间距保持的要点

高速公路上行驶的车辆速度快，如果行车间距保持不好，很容易发生追尾或剐蹭事故，有时甚至会发生连环相撞的事故。因此，保持合适的行车间距是保证车辆在高速公路上安全行车的重要条件。正常情况下，在高速公路上的行车间距应略大于行驶速度值。例如，行驶速度为 100km/h 时，则行车间距为 100m 以上；行驶速度为 70km/h 时，行车间距为 70m 以上。为便于检验与前车的行车间距，高速公路上专门设有为驾驶人确认行车间距的行驶路段（见图 7–29），车辆可在此路段检验并调整行车间距。

图 7–29　行车间距确认辅助标志

04　高速公路上转向盘的操纵要点

1）在高速公路上进行车道变换或修正行车方向时，转动转向盘的转角尽量要小，以免因车身偏移过多导致车辆驶出车道，或者造成不必要的频繁修正方向，造成车辙呈 S 形，如图 7–30 所示。

2）在高速公路上通过弯道时操纵转向盘的速度应尽量慢，一定要避免像在普通公路上那样猛转、猛回转向盘，否则会使汽车失稳、侧滑，甚至翻车，如图 7–31 所示。

图 7–30　转向修正过大

图 7–31　转向过猛的侧滑

05　高速公路上制动的运用要点

在高速公路上行驶，由于车速快，不宜过于频繁使用制动，特别是紧急制动。因为，制动对车辆的稳定性及后面的高速车流都将产生很大的影响。为了避免使用紧急制动，要求驾驶人必须对路面状况高度戒备，做好预见性制动的准备。具体做法是：提早发现前方路面的危险障碍。若需要制动，可先挂上低速档，用发动机的阻力制动，减缓车速，到了接近需要制动的地点时，再缓慢使用点制动以使车辆平缓停车或减速。遇到前方有障碍或前车因故采取制动措施时，后车可先轻踩几下制动

图 7 - 32　多次轻踩制动踏板提示后车

踏板，以便使制动尾灯闪烁，提醒后车驾驶人保持跟车距离，然后再根据行车道上前方的障碍情况或前车减速情况确定是继续减速还是超车通过，如图 7 - 32 所示。

06　高速公路超车的要点

1）超车前，驾驶人首先要观察前车是否在超车或有无超车的意图，并通过后视镜观察超车道上有无后续车辆或来车超越，如图 7 - 33 所示。

2）在确认前方和后方安全的情况下，打开左转向灯，夜间还应变换使用远光灯、近光灯。

3）做好变换车道的准备，在距前车 50~70m 时平稳地向左转动转向盘，以较大的行行轨迹加速驶向超车道，与前车尽量保持安全的横向间距，加速超越，如图 7 - 34 所示。

4）超车后，距被超车辆 50~70m 时，打开右转向灯，平稳驶向行车道，如图 7 - 35 所示，然后关闭转向灯；切忌在超车道上长时间连续行驶。

图7-33　超车前观察要细致

图7-34　确保安全的横向车距

图7-35　变回行车道要平稳

07　高速公路行车防爆胎的要点

1）出车前仔细检查　在高速公路上行车，驾驶人在出车前必须对轮胎进行仔细检查：一是要检查轮胎气压是否符合标准，应根据使用说明书的要求正确掌握充气压力，不可过高或过低；二是检查轮胎选用和搭配情况，应选用质量较好的轮胎，轮胎尺寸要与车型相适应，最好选用花纹较小的轮胎，同时，要综合考虑轮胎的花纹形状及新旧程度等各种因素，定期进行轮胎换位；三是要检查轮胎的完好情况，对于磨损严重或有较深裂纹的轮胎应及时更换；四要检查轮胎花纹中是否有石子等坚硬物，如果有，应及时剔除，如图7-36所示。

2）行车中严格遵守驾驶操作规程　为保护轮胎，车辆在行驶中起步不可过猛，尽量避免高速转弯，避免频繁使用制动和紧急制动，如图7-37所示。

3）严格控制车速和轮胎温度　汽车行驶的速度越快，轮胎温度上升得越快，轮胎材料的力学性能下降得就越厉害，磨损也越严重。当汽车长时间高速行驶时（尤其是炎热的夏天），要定时停车检查轮胎的温度，一旦发现轮胎温度过高，就应停车休息，降温后再行驶，如图7－38所示。

图7－36　剔除胎纹中的异物

图7－37　高速公路弯道行车应降低车速

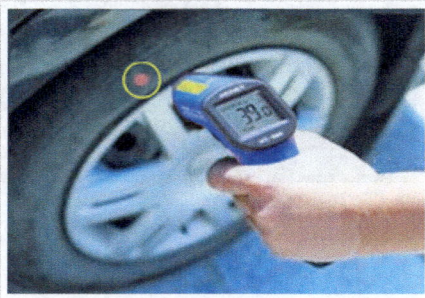

图7－38　检查轮胎的温度

08　高速公路上停车的要点

1）因故障、事故等原因需要停车时，驾驶人要仔细观察周围情况，打开转向灯，驶离行车道，不宜紧急制动，要分次踩制动踏板减速，让车停在紧急停车带或右侧路肩上，禁止在行车道内停车，如图7－39所示。

2）停车后应立即打开危险报警闪光灯，并在车辆后方150m处设置警告标志（见图7－40），夜间还应打开示宽灯、尾灯等。

3）驾乘人要从右侧车门下车，迅速转移到防护栏外侧路肩等安全地带，并立即报警，如图7－41所示。

4）即使在路肩或紧急停车带内修车也并不完全安全，所以，不能在路肩上长时间进行车辆修理作业，更不允许拦截路上正在行驶的车辆，如图7－42所示。

5）检修时，最好有专人负责安全观察，如遇危险情况可及时发出警告，以便紧急避险，如图7-43所示。

6）车修好后需返回行车道时，应先在应急停车带上提高车速，并打开左转向灯，不妨碍其他正常行驶车辆后才可进入行车道，如图7-44所示。

图7-39　严禁在行车道内停车

图7-40　车后放置警告标志

图7-41　人员迅速转移至护栏外侧

图7-42　不得拦截正在行驶的车辆

图7-43　找人观察交通情况

图7-44　先在应急车道提高车速再变道

第四节 高速公路复杂情况的驾驶要点

01 高速公路弯道的驾驶要点

在高速公路弯道上行驶，汽车应沿车道内侧曲线的切线方向直线行驶，其方向随着切线方向的变化而改变，也应是遵循"外、内、外"的原则。先向外直线行驶，由于切线改变，再向内一点，接着又沿切线向外行驶，如此往复通过弯道。在弯道上行驶时，弯道外侧处于驾驶人视野的前方，驾驶人注视点将投向弯道外侧转远地点，容易造成对距离和弯度（曲率半径）判断的失误。为此，在弯道上行驶时，驾驶人应适当降低车速，严禁在弯度小的弯道上超车。在左转弯弯道上行驶时，驾驶人直视距离变短，最好不要超车，如图 7 – 45 所示。

图 7 – 45　弯道注视距离

02 高速公路坡道的驾驶要点

高速公路路况较好，坡度一般不是很大。汽车在坡道上行驶，由于汽车重量的作用，在上坡时，车速逐渐下降，即为自然减速，此时，驾驶人很自然地意识在上坡；下坡时，汽车的速度加快，为自然加速，但此时速度加快不容易被驾驶人察觉，因此对安全行驶影响很大。随着车速的不断加快，驾驶人的视野越来越窄，对坡度估计的误差也将更大，导致车辆超速下坡，发生事故的危险性剧增。夜间行驶时，由于光线不好，情况更为严重。因此，坡道上行驶时应注意以下几点：一是注意坡道的存在，可通过观察道路标志，如"坡道"和"坡度（%）"等标志得知坡道的情况，然后根据道路实际情况控制行驶速度；二是控制下坡车速，不要依靠估计的车速，要注意观察车速表的显示，确认速度在安全范围内；三是绝对不允许在下坡转弯路段上变更车道、超车，如图 7 – 46 所示。

图 7-46　下坡转弯路段不得超车

03　高速公路隧道的驾驶要点

　　高速公路隧道是事故多发地段，行车中要注意以下几点：一是行至隧道前约 50m 打开前照灯和示宽灯、尾灯，以便认清前车状况及引起后方车辆的注意；二是及时察看车速表，根据隧道口标志上规定的速度进行车速调整；三是进入隧道后，要把注视点移到隧道的远处，不要看两侧的隧道壁，避免强烈的速度感，同时注意保持行车间距；四是隧道内严禁变更车道、超车，不宜鸣喇叭，以防噪声影响其他车辆行驶；五是驶出隧道之前，要通过车速表确认行车速度，不能凭直觉判断车速，到达出口时要握稳转向盘，以防隧道口处的横向风引起车辆偏离行驶路线；六是如果车辆在隧道内出现故障，只要车辆还能行驶，应尽可能把车驶出隧道，严禁在隧道内停车，如图 7-47 所示。

图 7-47　隧道内严禁停车

04　高速公路长桥的驾驶要点

　　1）进入高速公路长桥前一般都有提示标志，同时，为了避免车辆超速对桥体的伤害，在桥面上都设置有减速带，提示驾驶人减速行驶，如图 7-48

所示。

2）长桥行驶中不得无故变道，尽量不要超车，更不要在长桥上停车。尤其在寒冷的气候下，桥面易多雾、结冰，行车中要注意观察，谨慎在桥面上制动，如图7-49所示。

3）为便于驾驶人夜间驾车时能够准确判断桥面宽度，引起驾驶人更多的注意，长桥两侧的护栏上都装有提示性灯光。驾驶人在夜间经过长桥时，不要直视两侧的灯光，以免出现眩光，如图7-50所示。

图7-48　桥面上设置有减速带

图7-49　冬季上桥要谨慎驾驶

图7-50　不要注视桥栏上的灯光

05　高速公路夜间的驾驶要点

（1）提前检查车辆　入夜前，驾驶人应对车轴技术状况进行仔细检查，尤其是灯光的完好情况，如图7-51所示。

（2）适当降低车速　夜间行车，在同样的交通条件下，车速通常要比白天降低10km/h左右，以弥补夜间视力降低、视野窄小、能见度差的缺陷，如图7-52所示。尤其行至匝道、坡路、桥梁、窄路等处时，更应降低车速。

图 7-51　检查灯光的工作情况

图 7-52　夜间要降速驾驶

（3）避免疲劳驾驶　夜间行车不能看到公路两侧景物，长时间驾车容易疲劳瞌睡，驾驶人千万不要为早点赶到目的地而强忍着睡意行车。为此，驾驶人应在稍感疲劳时，立即选择最近的服务区休息一下，以消除疲劳，如图7-53所示。长时间夜间行车，驾驶人还可适当吹吹自然风，以缓解睡意和疲劳，恢复体力或精力。

（4）准确判断路况　夜间行车如感到车速自动减慢、发动机声音变得沉闷，可能行驶在上坡路段；如感觉车速自动加快、发动机声音变得轻快，则可能行驶在下坡路段；如前照灯光柱变短，可能遇上弯道或上坡路，如图7-54所示；光柱变长可能是下坡路。

图 7-53　选择服务区休息

图 7-54　接近上坡时光柱变短

（5）密切注意路上的散落物　夜间在高速公路上行车，遇到散落在道路上的物体，如驾驶人发现太迟或根本没有看到，为了躲避落物，猛转转向盘，很容易使车辆发生侧滑或撞上两侧护栏，酿成车祸。为此，驾驶人必须对路上的散落物百倍警惕，努力用眼光搜索，以便安全避开行驶，如图 7 - 55 所示。

图 7 - 55　避开路上的散落物

06　高速公路雾天的驾驶要点

1）汽车在高速公路上行驶中突遇浓雾时，驾驶人应将车开到服务区停车休息，切勿勉强行车，如图 7 - 56 所示。

2）应将风窗玻璃、各种车灯擦拭干净。行车中如遇大雾，应及时打开尾灯、防雾灯或前照灯（近光灯），要想方设法提高能见度，如图 7 - 57 所示。

图 7 - 56　大雾天气不勉强行车

图 7 - 57　打开灯光行驶

3）行车中应将车速降至最低限速标准，使制动距离控制在可见距离之内。同时要稳定车速，不可猛踏或快松加速踏板，不可紧急制动和猛转转向盘，以防侧滑。同时，还要加大跟车距离，以防追尾事故，如图

7-58所示。

图 7-58　雾天加大跟车距离

07　高速公路雨天的驾驶要点

1）行车中要控制车速，应把车速降低20%左右，遇到情况，要及时采取预见性措施，注意行驶中周围的车辆，不要抢行车道。通过水洼要降低车速，以免飞溅的水花打在玻璃上模糊驾驶人视线，如图7-59所示。对于高速公路上的积水，驾驶人不要急踩制动踏板避让，注意保持车辆运动方向不发生大的改变。

2）注意高速公路前方的标志，对施工路段提前减速慢行。雨天视线不好，在施工路段不要轻易超车或占用其他车道，如图7-60所示。

图 7-59　避免飞溅的水花影响其他人的视线

图 7-60　雨天在施工路段不要轻易超车

3）雨天在高速公路上行车应增大行车间距，应把行车间距增大至干燥路面的两倍以上，如图7-61所示。在高速公路上，雨天应该通过使用远光灯和近光灯给其他车辆示意，用灯光信号告知两车的距离。

4）尽量减少踩踏制动踏板的次数，避免紧急制动，并且不要猛转转向盘，以防产生侧滑。同时，尽量少变更车道超车。如遇到特大暴雨，不要贸然行驶，应选择安全地点停车，并打开示宽灯和尾灯，引起来车注意，如图7－62所示。

图7－61　雨天应加大行车间距

雨太大，停车避避吧

图7－62　遇大暴雨要停车等候

08　高速公路雪天的驾驶要点

1）在积雪的高速公路上行驶，为了提高车轮与路面的附着性，驾驶人应该在车轮上加装防滑链，如图7－63所示。装拆防滑链应在服务区或指定的场地内进行，不要随便停在路肩上做这项工作。特别是在下雪天视线不良时，在路肩上停车有被其他行驶车辆追尾和碰撞的危险。

2）降低车速有利于防止汽车发生侧滑，缩短制动距离。为此，在降雪天气，一定要严格遵守高速公路管理部门提出的车速限制要求，如图7－64所示。

3）虽然降低了行驶车速，但行车间距不能因此而缩短。因为，车辆的制动距离受路滑的影响而大大延长了。为此，雪天一定要加大行车间距，其距离应为干燥路面的2倍以上，如图7－65所示。

4）在冰雪路面上行驶，车轮上作用力（制动时的制动力、加速时的驱动力及转向时的侧向力）的突然变化很容易破坏轮胎与路面的附着状态，使轮胎失去抵抗侧向力的能力，导致汽车侧滑、甩尾、失去控制，甚至发生事故，如图7－66所示。所以，在冰雪路面上行车应绝对避免急减速、急加速和猛转转向盘。需要减速时，要利用发动机制动，尽量不要使用制动踏板。另外，除非十分必要，否则不要超车。

图 7 - 63　安装汽车防滑链

图 7 - 64　严格按照限速要求行驶

雪天制动效果差，加大行车间距才安全

图 7 - 65　行车间距要增大

图 7 - 66　冰雪路面行驶要谨慎

第五节　驶离高速公路的要点

01　驶离前的准备要点

1）当见到标有"2km"的标志牌后，如果准备在这一出口驶出高速公路，就应开始做驶出的准备，尽可能不再进行超车，已经行驶在超车道上的车辆要尽快返回行车道，如图 7 - 67 所示。

2）当见到标有"1km"的标志牌后，驾驶人决不可再进行超车。如果见到这块标志牌后还要进行超车，则有可能到达出口处时来不及返回主车道，因而无法驶向出口。当见到标有"500m"的标志牌后，驾驶人应打开右转向灯，表示即将驶出高速公路，做好进入减速车道的准备，如图 7 - 68 所示。

3）在减速车道起点上设有出口标志牌，上面没有距离数字，但有一个指向箭头。见到此标志牌后，驾驶人可平稳地向右转动转向盘进入弯道，如图7－69所示。

图 7－67　不得再次超车

图 7－68　提前打开转向灯告知后车

图 7－69　进入出口的弯道

02　驶离中的注意要点

驶离高速公路时，万一错过出口处，即使是刚刚错过出口处，也应继续行驶至下一出口方可离去，决不可停车、倒车或回转逆行（见图 7－70），否则是相当危险的。进入弯道后严禁超车、超速。在收费口前常会发生追尾事故，所以，驾驶人要充分减速，谨慎驾驶，不要变换车道争抢出口。

图 7－70　高速公路严禁倒车行驶

03　驶离后的注意要点

出收费口之后，驾驶人最好停车休息一会儿，因在高速公路上长时间高速行驶，离开后容易低估车速（不适应所致），从而导致超速行驶。休息一会儿，使速度判断误差减小后，就可较快适应一般公路规定的车速及路况，如图 7 - 71 所示。

图 7 - 71　选择安全地点小憩

第8章

不同时段驾驶操作要点

第一节　清晨驾驶操作要点

01　清晨驾驶的特点

1）清晨，人的瞳孔处于昼夜交替的工作状态，对颜色和形状的识别能力较弱，为此，驾驶人在清晨行车时应仔细观察路况。

2）清晨天刚亮，光照不足，有种灰蒙蒙的感觉，导致驾驶人视线不清。

3）清晨经常出现层雾，城市里的烟尘也由于清晨的气压较低而在低空悬浮，从而造成视线模糊，给驾驶人的观察和判断带来了困难。

4）清晨是道路上车辆和行人最多的时段之一，在城市有晨练的人、上班的人、上学的人，驾驶人要注意行人的动态，如图8-1所示。

5）清晨气温较低，尤其是冬季起动发动机后需要进行预热，然后才能起步。

6）夏季有些驾驶人为了避开白天的高温，利用夜间行车，到清晨正是困倦疲乏之时，容易造成疲劳驾驶，导致事故的发生。

图8-1　注意路上的行人

02　清晨驾驶的要点

1）清晨是一天驾驶工作的开始，起动发动机前应检查汽车技术状况和机油、燃油及冷却液是否足量，尤其要检查机油和冷却液，以免烧毁发动机，如图 8-2 所示。

2）由于清晨气温较低，发动机刚起动时，机油的黏度较大，不能迅速进入各摩擦面进行润滑。所以，发动机起动后，怠速升温至 50℃ 以上时才能起步，如图 8-3 所示。

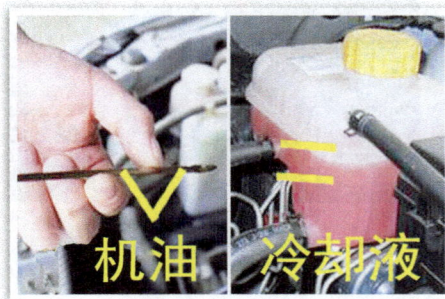

图 8-2　检查油液数量和质量

图 8-3　怠速升温

3）清晨在车辆起步后，先慢速行驶一段路程，因为，驾驶人的眼睛有一个适应过程，不能立刻高速行驶，如图 8-4 所示。

4）清晨道路上人多、车多，交通情况复杂，驾驶人不要因为赶时间而忽视安全行车。尤其在天空有晨雾时，应打开车灯，降低车速，谨慎驾驶，如图 8-5 所示。

图 8-4　先慢速行驶一段距离

图 8-5　清晨有雾开车灯

第二节　中午驾驶操作要点

1）驾驶人经过一个上午的劳累，神经已趋于疲劳，反应灵敏度减弱。

2）有的长途车驾驶人急于赶路，中午时饥肠辘辘，手脚疲软，极易出现意外。

3）午餐后人体内大量血液作用于胃、肠等消化器官，脑部供血相对减少，因此会出现短暂的困倦感和注意力分散。

4）中午途经学校附近时，要特别注意学生流，做到减速慢行，严密注视行人的动态，如图8-6所示。

图8-6　中午要特别注意学生流

第三节　黄昏驾驶操作要点

01　黄昏驾驶的特点

1）黄昏时段光线逐渐变暗，在从明转暗的情况下，人的视力的适应能力一般需要在0.5h以上才能稳定在一个正常水平上。天刚黑时，驾驶人眼睛的暗适应能力尚未充分形成，视距缩短，视力变差，即使打开车灯，因光线对比度不强，也不能明显改善视力，所以，观察道路情况的能力下降，从而增加了驾驶难度，此时，驾驶人最容易因判断上的偏差而发生事故，如图8-7所示。

图8-7　黄昏时段视距差

2）黄昏行车时，道路上的照明设施及前后车辆的灯光，会使驾驶人引起暂时性视觉模糊和视力下降，要恢复视力需要 5s 左右的时间，这段时间车速若为 30km/h，则车辆在视力恢复的这段时间要行进 40m 以上，极易发生事故，所以，此时一定要注意车辆周围的环境，如图 8 - 8 所示。

3）驾驶人经过一天的劳顿，此时神疲体乏、眼干喉燥，生理反应能力下降，遇到突发情况，大脑反应相对迟钝，采取措施不及时，容易发生事故，如图 8 - 9 所示。

图 8 - 8　黄昏时段要注意道路两侧的人群

图 8 - 9　采取措施要及时准确

02　黄昏驾驶的要点

1）黄昏时，道路上的行人和其他车辆的驾驶人的视线同样受到制约，故应及早打开示宽灯和近光灯，让行人和其他车辆注意自己的存在，如图 8 - 10 所示。同时，驾驶人要集中精力，仔细观察，随时应付紧急情况，随时准备制动。

2）黄昏时驾驶应严格限制车速，加大跟车距离，处理情况应留有较大的提前量，如图 8 - 11 所示。在较为平坦的道路上行驶时，视交通情况靠路中偏右行驶，这样既能使车辆受的压力均匀，又能有充分

图 8 - 10　及时亮灯引起其他车的注意

处理情况的空间。

3）黄昏在城市道路上驾驶时，驾驶人应认真观察道路和街道两侧的其他车辆及行人的动态，提前做好突然情况的应急准备，发现人行横道时应提前减速，注意有无横穿街道的行人和非机动车，当有行人和非机动车通过时应停车让行，如图8-12所示。

图8-11　适当加大跟车距离

图8-12　注意横穿街道的行人

4）黄昏行车遇傍山险路、便桥时，驾驶人必须停车观察，确认安全后再通过，如图8-13所示。在雨、雪、雾天驾驶，在注意观察、合理运用灯光的同时，要注意路面的选择，路基不好的路段要防止道路坍塌。

5）黄昏行车时尽量避免超车，确实需要超车时，应选择道路宽阔、视线尽可能好的地段，用断续灯光通知前车；此时，应考虑灯光的效果，不可急于超车，待确认前车让超后再加速超越，如图8-14所示。

图8-13　遇傍山险路先下车观察

图8-14　黄昏时段超车时观察要细致

03　黄昏驾驶的注意事项

一是注意视线不良。黄昏时光线暗淡，物体反射出的光线也很弱，驾驶人对动态、静态事物的观察模糊，判断不准确。行车时，即使打开车灯，因灯光与环境的光度差不多，驾驶人对周围各种车辆和行人的动态反应还是看不清楚，这种光线错觉是引发交通事故的一个重要原因。二是注意视力下降。从眼睛的生理结构看，在视网膜上有锥状细胞和杆状细胞这样两种视细胞。光线亮时锥状细胞起作用；光线暗时杆状细胞起作用，但是它们不能分辨颜色。黄昏光线暗淡时，这两种细胞都起一定的作用，但是两者不容易协调，造成物体变得模糊不清，因而驾驶人的视力下降，不容易看清道路交通标志和周围的动态。三是注意防止急躁。城市黄昏时分正是下班时间，

图 8 - 15　黄昏时段忌急躁行车

交通流量猛增，交通繁忙且秩序乱，经常出现堵车的状况，此时，驾驶人会出现烦躁和急躁的情绪，易发生交通事故，如图 8 - 15 所示。

第四节　夜间驾驶操作要点

01　夜间驾驶的特点

（1）驾驶人观察能力下降　夜幕降临后，即使打开车灯，由于灯光照射的范围小，横、纵视线受限，驾驶人对事物的观察会出现视距变短和视野变窄的现象，很难辨认前方的道路及交通情况。

（2）驾驶人判断能力降低　由于光线较暗，甚至处在黑暗环境之中，周围的背景参照物无法看清，驾驶人对行驶车速及安全间距的判断会出现不同程度的偏差，对交通情况的判断比白天迟，处理情况不如白天及时，无法像

白天一样迅速看到危险情况，容易造成采取措施过晚，导致交通事故的发生。

（3）驾驶人容易疲劳　夜间驾驶人很容易疲劳。其原因：一是长时间在黑暗中驾驶，视野会越来越窄，形成"隧道视野"（见图8-16），导致出现"道路催眠效应"，造成驾驶人容易困倦、打盹；二是夜间人体生理节律处于低谷，加剧行车的疲劳和困倦感；三是有些驾驶人在白天驾车一天的基础上又连续夜间驾驶，体力难以维持，导致疲劳困乏；四是夜间大地一片寂静，驾驶人只能听到有节奏的汽车行驶声音，只能看到有限而单调的路面，时间一长，便不由自主地产生睡意。

图8-16　灯光形成的"隧道视野"

（4）车辆驾驶的难度增大　夜间行车尽管道路上交通车辆相对减少，但车辆驾驶的难度有增无减。其原因：一是夜间观察、判断能力降低，驾驶人始终要保持高度警惕，以应对突然出现的危险情况；二是在会车和超车过程中，除了按白天的正常操作外增加了灯光变换；三是夜间交通警力不足，有些驾驶人违法操作，使处理情况更加复杂。

02　夜间驾驶的准备要点

（1）车辆检查　因夜间车辆在行驶途中出现故障后排除难度较大，为此，驾驶人在行车前应对车辆进行仔细检查，尤其是对灯光照明装置进行如下重点检查：一是检查车灯有无损坏，调整远光灯、近光灯的照射范围和变光情况；二是对影响行车的安全部位和机件进行隐患清除；三是将车灯（包括前照灯、示宽灯、侧灯、转向灯、尾灯、雾灯）、风窗玻璃、后视镜擦拭干净，如图8-17所示。

（2）物品准备　夜间行车除了必要的随车工具附件外，还要携带夜间

图8-17　擦拭风窗玻璃

工作灯、故障警告牌（灯）、手电筒等物品，如图8-18所示。

03 夜间驾驶的灯光使用要点

1）起步时先开近光灯，看清道路后再起步，如图8-19所示。

2）行驶中开熄灯的时间一般与城市路灯相同，当遇阴暗天气视线不良

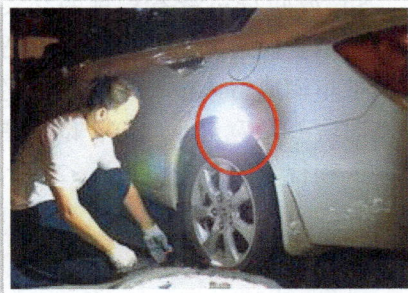

图8-18 使用夜间工作灯

时，可提前打开车灯，凌晨可推迟闭灯。在城市有照明条件的道路上行驶，应使用近光灯，如图8-20所示。

图8-19 夜间起步要谨慎

图8-20 有路灯的路段使用近光灯

3）车速在30km/h以内时，可使用近光灯，灯光必须照出30m以外；车速超过30km/h时，应使用远光灯，灯光必须照出100m以外，如图8-21所示。

4）在风、雨、雪天夜间行驶时，应使用雾灯或近光灯，不宜使用远光灯，以免出现眩光而影响视线，如图8-22所示。

图8-21 空旷地段使用远光灯

图8-22 复杂天气应用近光灯

135

5）夜间行至没有指挥的交叉路口时，可用变换远光灯与近光灯的方式示意其他车辆或行人注意。在道路旁临时停车时应开示宽灯、尾灯，以提醒其他驾驶人和行人注意，如图8-23所示。

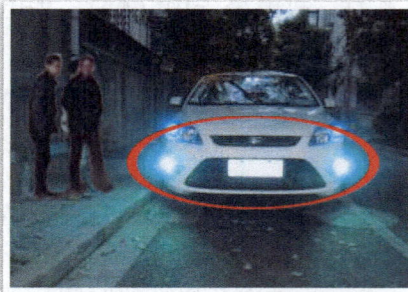

图8-23　夜间停车要开示宽灯

04　夜间驾驶的道路判断要点

（1）听声音　未松抬加速踏板时车速自然减慢，发动机声音变得沉闷，表示行驶阻力增加，汽车正在爬缓坡或驶入松软路面；反之，说明汽车正在下缓坡，如图8-24所示。

（2）看光柱

1）当车灯光柱由长变短时，表明汽车驶近上坡道处，或者是下坡道将接近坡底，也可能是驶进弯道。

2）当车灯光柱由短变长时，表明汽车正在驶入下坡道，或者是所上坡度变缓，或者是由弯道驶入直路。

3）当车灯光柱离开路面时，表示前方面临大坑，或者是汽车正驶上坡顶，也可能是汽车前方将下陡坡，或者是出现急弯，如图8-25所示。

4）当车灯光柱从路中移向路侧时，表明前方出现弯道，转弯方向与所照方向相反。若是从道路的一侧移向另一侧，则表示汽车驶入连续弯道。

图8-24　夜间下坡时的行车

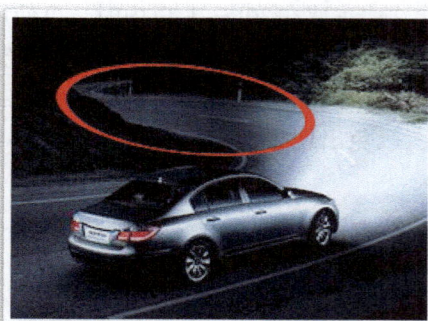

图8-25　弯道中的光柱变化

（3）看颜色

1）在无月光的夜晚，路面为灰黑色，路外为黑色。

2）在有月光的夜晚，路面为灰白色，有积水的地方为白色，路外为灰褐色。

3）在雨夜中，路面为灰黑色，坑洼或泥泞地为黑色，积水处为白色。

4）在雪夜中，车辙呈灰白色，但在通过车辆较多后又呈灰黑色，如图 8 - 26 所示。

（4）看黑影 驾驶人在行车中发现道路前方出现黑影，驶近时又突然消失，表明路面上有小坑洼；若黑影不消失，表明路面有大坑，如图 8 - 27 所示。

图 8 - 26 冬季车辙的变化

图 8 - 27 夜间遇到大坑的路面变化

（5）看标志和景物 夜间在有道路标线的道路上行驶时，较容易判断道路的路形；如果夜间在无标线的道路上行驶，则驾驶人应仔细观察指示牌和路边的路碑，遇有疑惑时，一定要减速或停车探明情况后再继续行驶。在黑暗中，可利用行道树、路边电线杆及其他设施来判断路幅宽度与行驶方向，如图 8 - 28 所示。

图 8 - 28 借助路边标志物判断路缘

05 夜间会车的要点

夜间车辆交会时，应在距对面来车 150m 以外互闭远光灯，改用近光灯，同时降低车速（一般用中速档位），选择宽阔、平直的地段进行交会。当两车交会将要处于平齐（相错而过）时，即可打开远光灯，如图 8 - 29 所示。夜间

图 8 - 29 会车时远光灯的打开时间

会车一定要看清前方的道路和交通情况，情况不明时，切不可凭侥幸心理，冒险高速行驶进行交会。必要时应及早停车，等来车通过后，开灯看清情况再继续行驶。遇到车队，与其交会时，最好停车让路。

06　夜间超车的要点

夜间驾驶车辆时应尽量避免超车。若必须超车时，要选择平直、宽阔、视线良好的路段，并用断续灯光示意前车，等前车让路后再进行超越。如果道路前方有弯道、窄桥、窄路、交叉路口、陡坡等复杂道路，严禁超车，如图8－30所示。

图8－30　夜间弯道严禁超车

07　夜间车速、车距的控制要点

（1）夜间车速的控制　夜间行车时要根据道路和交通的实际情况，选择合适的行驶速度。在平坦、宽阔、视线良好的道路上，使用远光灯时，车速可适当加快。遇有会车、路面不平、转弯、桥梁（窄桥）、窄路、交叉路口等复杂情况，应减速慢行，如图8－31所示。一般将车速控制在40km/h以下，并随时做好停车的准备。

夜间行车速度过快甚至高速行驶进行会车极为危险。这是因为：汽车灯光的照射距离是有限的（远光灯为150m左右），在这个距离以外的物体就无法看见。特别是在会车时，只能用近光

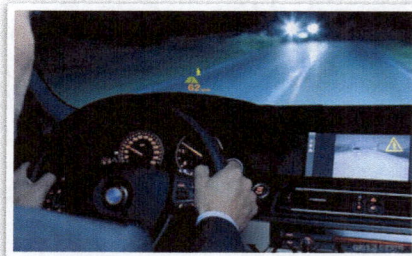

图8－31　夜间应减速慢行

灯，照射距离只有30m左右。而根据试验，夜间以55km/h的速度行驶时，发现情况后立即制动，停车距离为30m。也就是说，夜间以这样的速度会车，当在近光灯的照射范围内发现情况并立即停车，车辆与物体之间就没有间隙了。

（2）夜间车距的控制　夜间跟车行驶时，车距必须加大，通常应保持在

100m 以上，或者是同样条件下白天行车距离的两倍以上。车速较快时更应保持较大的纵向行车间距，以防止前车突然减速或停车，避免因距离太近，制动距离不够而撞上前车，如图 8 - 32 所示。

08 夜间倒车的要点

因汽车后面照明不良，所以在夜间尽量避免倒车。若必须倒车时，驾驶人应首先下车观察路面情况，然后再倒车，倒车时最好有人进行指挥，如图 8 - 33所示。

图 8-32 夜间跟车距离要加大

图 8-33 夜间倒车找人指挥

09 夜间掉头的要点

车辆在夜间行驶时尽量不要在公路上掉头，若确需进行公路掉头，应选择在十字路口、环形路或立交桥等处实现一次性前进掉头。如果没有前进掉头的条件，驾驶人应先下车观察路面情况，在道路和交通条件许可的情况下进行掉头，如图 8 - 34 所示。掉头时，最好有人在路上指挥，在进退时要多留余地，不能太靠路边。

图 8-34 夜间掉头前要细观察

10   夜间驾驶的注意事项

1）夜间行车容易疲劳，尤其在凌晨三四点钟时，驾驶人最容易打瞌睡，此时，切勿勉强驾车，应就地休息，等精力适当恢复后再继续行车。此外，夜间长途驾车 3h 左右也会感到疲劳，要适时停车，稍做休息，以恢复精力。

2）行驶中遇到复杂地段或道路状况不明等情况，不可冒险通过，应停车查明情况再走。需要倒车、掉头时，必须先下车看清周围地形，周围有无障碍。进退过程中要多留余地，必要时，由其他人协助指挥进行操作。

3）夏季夜间行车，要关闭车窗玻璃，以防止趋光的昆虫飞进驾驶室伤及眼睛。在村镇及郊区的路边、桥头附近，往往有人乘凉或露宿，途经这些地点时，要特别谨慎小心。

4）行驶中若前照灯突然不亮，要沉着冷静，稳住方向，迅速减慢车速，同时可打开雾灯，停车后查明原因，修复前照灯再行驶。

5）行车中应注意观察仪表，注意发动机、底盘有无异响，以及驾驶室内有无异味，若异常则应立即停车检查，排除后再上路行驶，不能带故障行车。

6）夜间行驶或停车时，尽量避免驶入路边的草地或土质路基，要谨防暗沟、暗坑或因路基松软而发生的陷车事故，如图 8-35 所示。在路边短时间停车时，应打开前小灯；若停车时间较长，还应在车后 50~100m 的地方设置危险警告标志并打开示廓灯和尾灯，以防意外。

右侧车轮陷入路基

图 8-35　夜间行车谨防两侧松软路基

第 9 章

不同季节驾驶操作要点

第一节　春季驾驶操作要点

01　春季驾驶的特点

1）春困现象，容易造成疲劳驾驶。由于冬天皮肤血管受到寒冷刺激，血流量减少，大脑和内脏的血流量增加。进入春天，温度升高后皮肤毛孔舒展，血液供应增多，而供应大脑的氧气相应减少，自然会出现昏昏欲睡的状态。另外，春季白天时间增长，夜晚时间缩短，睡眠时间减少，很多人都有睡不醒的感觉，一直处于疲倦的状态，导致精神不集中，甚至开车时打盹，如图9-1所示。

2）路上行人增多，使交通情况复杂。春天气候宜人，人们的室外活动增多，清早晨练的、白天出行的、傍晚散步的，道路上行人明显增加。为此，驾

图9-1　春季开车易犯困

驶人应注意不同行人的动态，尤其是在混合交通的道路上行人较多时，要减速慢行，做好避让和停车准备，确保行车安全。

3）春季多雨、多雾、多风，带来安全隐患。春季降水频繁，雨水使路面湿滑，行车中容易出现侧滑；春季连续的蒙蒙细雨还容易出现雾天，给驾驶人的视线带来影响，特别是给高速公路行车造成极大困难；春季还经常刮起大风，扬起沙尘，也会给行车安全带来隐患。

02　春季驾驶的要点

（1）防雨后路滑　下雨时，路面上的雨水在车轮与路面之间形成"润滑剂"，使汽车的制动性能变差，容易产生侧滑。为防止侧滑，驾驶人必须严格控制车速；严禁高速急转弯或紧急制动；会车时应加大侧向间距。另外，驾驶人还应保证左右轮胎气压一致。当前轮侧滑时，可将方向朝产生侧滑的相反侧纠正；当后轮侧滑时，应按图9-2所示的操作。

（2）防雾遮视线　春季雾气多，雾天行车，驾驶人视线受阻，行车中应打开雾灯，多鸣喇叭，降低车速，加大车距，确保行车安全，如图9-3所示。

图9-2　雨天后轮侧滑的应对方法

图9-3　春季行车遇雾时应及时开灯警示

（3）防大风扬尘　行车中遇到大风，驾驶人应注意以下几点：一是当大风扬起沙尘能见度降低时，应慢速行驶，防止意外发生；二是要关好门窗，以防灰尘刮入而使驾驶人迷眼；三是自行车、摩托车等受风力影响难以控制，行驶不稳定，驾驶人驾车临近时要提前采取措施，鸣喇叭、减速、慢行，以提醒对方注意，并且行车时应尽量加大与他们之间的横向距离，如图9-4所示。

图9-4　大风扬尘天远离骑自行车者

03　预防春季疲劳驾驶的要点

1）保证充足的睡眠，才能有良好的精神状态。为此，驾驶人应早睡早起，保持正常的生活节奏，避免过多的夜生活，更不要通宵达旦地娱乐。此外，工作之余可多参加一些体育运动，增强体质，舒展身体，如图9-5所示。事实证明，体质较差的人更容易春困，一些慢性疾病患者更易嗜睡。

2）为减少春困的发生，驾驶人应注意日常饮食，以弥补体内因新陈代谢旺盛而消耗的能量，增强自身的素质和适应能力，使身体尽快适应气候的变化，如图9-6所示。另外，餐饮要定时定量，空腹开车可能会出现心慌、四肢无力、困倦等症状，影响行车安全。

图9-5　加强锻炼防春困

图9-6　加强均衡饮食防春困

3）在行车中，驾驶人不妨嚼嚼口香糖、听听激烈一点的音乐，还可以不时地打开窗户通通风透透气，车内的温度有变化，也有利于消除困乏的感觉。如果驾驶人感到疲乏，即使剩下的路程已经不远也不能硬撑着，要停车休息片刻，喝点水，用湿毛巾擦擦脸，做眼保健操等，这样就可很快恢复精力，如图9-7所示。

图9-7　行车中防"春困"的方法

第二节　夏季驾驶操作要点

01　夏季驾驶的特点

（1）对驾驶人的影响　一是容易中暑。夏季日照时间长，驾驶室温度高，驾驶人容易出现头晕、眼花、全身无力的中暑现象，如图9-8所示。二是容易困倦。炎热天气，驾驶人流汗多，体力消耗大，头脑容易发胀，随着汽车行驶中的颠簸，往往不由自主地困倦打盹。

（2）对车辆的影响　一是夏季环境温度高，发动机容易爆燃。二是温度越高燃油蒸发越快，越容易在油路中形成"气阻"。三是除了高温天气以外，空调超负荷运作及散

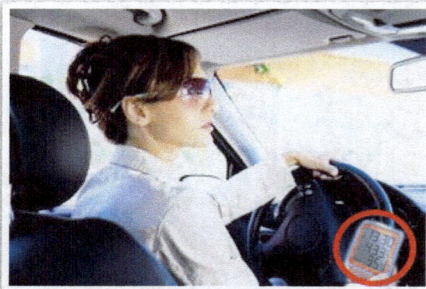

图9-8　驾驶室高温易造成驾驶人中暑

热元件故障都会使散热器"开锅"，如图9-9所示。四是在炎热的条件下，机油的稳定性变差，会产生热分解和氧化，导致机油变质。同时，气温升高，使机油变稀，黏度下降，造成润滑不良。五是由于夏季高温，液压制动皮碗和制动软管容易软化，制动液容易产生气阻，制动蹄片也容易烧蚀，这些都会导致制动失效。六是轮胎在行驶中容易出现胎温、胎压过高的现象，随着胎温的升高，轮胎软化，行驶中遇到坚硬的物块很容易爆胎。

（3）对道路的影响　一是由于直射阳光的暴晒，柏油路面容易软化，使车轮与路面的摩擦因数变小，使制动距离增长，并且车轮容易产生侧滑。二是夏季为农作物收获的季节，道路上经常晒有稻谷，容易导致车辆侧滑和起火，如图9-10所示。

图9-9　散热器"开锅"

排气管喷出的高温气体极易引燃路上的谷物，通过时尽量绕开

图9-10　路遇谷物要谨慎

02　夏季驾驶的要点

（1）防中暑　夏季行车应采取下列措施防止中暑：一是尽量选择早晨、晚上凉爽时段出车，避免在烈日炎炎的正午出车；二是随车携带清凉饮料、水桶、毛巾，戴上墨镜或太阳镜；三是随车携带防暑降温的药物，如人丹、清凉油、风油精等；四是长时间行车应增加途中休息的次数，当感到不适时，应立即找阴凉处停车休息，待恢复后再行车，如图9-11所示。

（2）防气阻　为预防气阻的发生，进入夏季，驾驶人要定时清洗和保养燃油滤清器、燃油箱和油路管道，使之保持畅通。排气歧管与燃油泵之间的隔离层要保持完好，并注意检查、调整燃油泵的工作压力，使之保持正常。行车中，可将一袋装满河沙的布袋置于燃油泵上，并浇上冷水保持湿润，增强燃油泵抗气阻的能力，如图9-12所示。

图9-11　找阴凉处停车休息

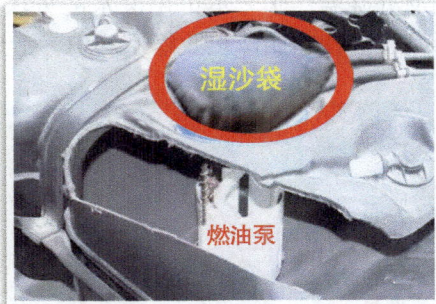

湿沙袋

燃油泵

图9-12　湿沙袋降温防气阻

（3）防"开锅"　进入夏季要检查节温器的工作性能，清除冷却系统中的水垢，保持冷却水循环畅通，如图9-13所示。出车前，驾驶人要检查冷

却系统的工作状况，加足冷却水，检查风扇传动带的松紧度。行车中，驾驶人要注意观察水温的变化，使水温保持80～90℃，一旦出现"开锅"现象应立即停车，让发动机中速运转，待水温下降后再熄火添加冷却液，千万不要在"开锅"时加水，以防损坏发动机和烫伤。

（4）防润滑不良　夏季应及时换用高牌号机油，经常检查油量油质，并及时添加或更换，如图9-14所示；及时清洗和保养机油滤清器、机油散热器，保证油路畅通、散热良好，并尽量避免发动机超负荷工作。

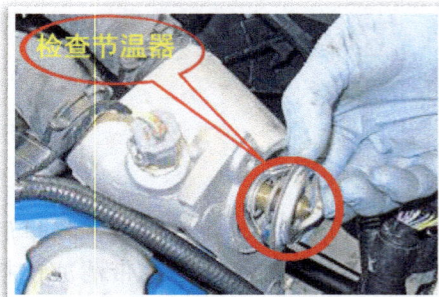

图9-13　检查节温器的工作情况

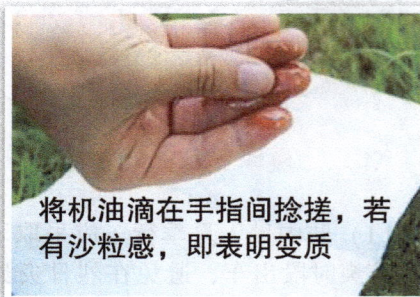

图9-14　检查机油质量

（5）防制动失灵　进入夏季时，驾驶人应及时检查并调整制动系统，及时添加或更换制动液，彻底排净液压制动系统中的空气，保证制动皮碗、制动软管和制动蹄片的完好。行车中若发现制动鼓发烫，应停车降温，但不可浇泼冷水，以防制动鼓破裂，如图9-15所示。

（6）防爆胎　驾驶人在行车中要经常检查轮胎气压，轮胎的充气压力一般应比标准压力低2%～3%。当发现轮胎过热、气压过高时，应将车停放在阴凉处降温，千万不可用泼水的方法降温，也不要放气降压（见图9-16），否则，会使轮胎冷热收缩不均匀，造成胎体早期损坏。

图9-15　制动鼓降温应采取停车休息的方法

图9-16　轮胎在夏季的错误降温法

03　夏季驾驶的注意事项

（1）注意发动机温度　发动机温度过高对其工作性能和各部分机件影响很大：一是使充气量下降，功率降低；二是会冲坏气缸垫、烧杯轴瓦、造成发动机机械事故；三是使各部分机件配合间隙减小，磨损加剧，寿命降低。为防止发动机温度过高，驾驶人在出车前应加足冷却液，检查节温器是否正常，行车中随时注意水温表的指示读数。若发现发动机温度过高，应选择阴凉的地方停车，并打开发动机罩以便通风散热，待冷却液温度下降后再继续行驶，如图9-17所示。

图9-17　打开发动机罩散热

（2）注意防止"空调病"　夏季行车，长时间使用空调，容易产生鼻塞、头昏、打喷嚏、耳鸣、乏力、记忆力减退等症状。为此，夏日驾车使用空调应注意以下几点：一是在刚使用汽车空调时，最好先到修理厂对空调系统进行杀菌除臭处理，也可以自购杀菌除臭专用喷剂自行处理，如图9-18所示；二是当车内开着空调时，最好不要在车内吸烟，若要吸烟，就应该把空调的通风控制调到"排出"位置；三是不要把温度调得太低，温度调得过低，会影响身体健康；四是行驶时遇到交通堵塞，不要为提高空调效能而使发动机以较高转速运转，这样做会降低发动机和空调压缩机的使用寿命。

（3）注意路边的行人　夏季室内温度较高，人们喜欢到户外活动，特别是夜间在路边乘凉、游玩的人较多，还有些农民喜欢在公路上席地而卧，如图9-19所示。因此，驾驶人在驾车通过居民区和街道时要格外小心，注意观察路边的情况，降低车速并随时做好停车的准备。

图9-18　使用专用的除臭剂除臭　　图9-19　时刻注意路边看守谷物的人

第三节 秋季驾驶操作要点

01 秋季驾驶的要点

（1）秋乏——防困倦 俗话说"春困秋乏夏打盹"，进入秋季，气温不寒不暑，冷暖适中，轻风吹拂，神清气爽，而人体各种生理系统也相应发生变化，出汗减少，体热的产生和散发及水盐代谢也恢复了日常的平衡，消化功能恢复常态，心血管系统的负担得到减轻，人体能量的代谢达到基本稳定的程度，因而机体进入了一个周期性的休整阶段，如图9-20所示。

（2）秋爽——防大意 秋天凉爽，宜人的气候条件往往使驾驶人产生麻痹心理，从而容易延长驾车的时间，提高行车速度，使行车安全得不到保证，如图9-21所示。

（3）秋雨——防路滑 秋天多雨，使

"秋乏"是补偿盛夏给人体超常消耗的保护性反应，又是机体在秋季环境中得到恢复的保护性措施

图9-20 "秋乏"的成因

能见度降低，路面湿滑，行车条件变差。为此，在秋雨时节，驾驶人在出车前应收听天气预报，了解沿途道路的特点，及时做好刮水器的检查。行车中，驾驶人应注意观察车辆和行人的动态，控制车速，与前车保持较长的跟车距离；会车要"礼让三分"，转弯时要提早减速或换入低速档，缓缓地调整所需的角度，切不可猛转转向盘，以免引起侧滑发生事故；通过容易打滑的路面时，要合理地使用制动；需要减速时，无论是平路、下坡或弯道，都应该以发动机牵阻作用为主，切勿紧急制动，否则会导致侧滑翻车，如图9-22所示。

麻痹大意酿事故

图9-21 "秋爽"天气驾车麻痹不得

图9-22 雨天禁用紧急制动

02　缓解"秋乏"的要点

（1）保证充足的睡眠　充足的睡眠是保证行车安全的重要因素。驾驶人应早睡早起，避免通宵达旦地玩乐或过多加班，中午最好能适度午睡。

（2）调节饮食结构　一是多吃富含维生素的食物。维生素是真正的清醒剂，它能把人体疲劳时所积存的代谢产物尽快处理掉。秋天水果和蔬菜非常丰富，如西红柿、辣椒、茄子、马铃薯等，这些食物都能帮助人们克服疲倦，应该多吃。二是多吃碱性食物。"秋乏"与体液偏酸有关，多吃碱性食物中和肌肉疲倦时产生的酸性物质，可消除人体的疲劳。碱性食物有苹果、海带及许多的新鲜蔬菜等。三是少吃安神的食物。在开车前最好不要大量食用牛奶、香蕉、肥肉及含酒精类的食物，这些食物容易使人产生疲倦感，引起嗜睡乏力的反应。尽量不要在车内吸烟，或者借助咖啡和浓茶来提神。它们只能带来一时的兴奋，但短暂的兴奋之后是持续的抑制状态。四是饥饱要适度。驾驶人在饮食上还应注意既不能空腹开车，也不能吃得过饱后开车。

（3）改变行车节奏　一成不变的车速和风景容易导致困乏，这就是在高速公路上驾驶人更容易昏昏欲睡的原因。因此，在行车途中，驾驶人可以有意识地变换车速和车道，改变行车节奏。在行车道路选择上，驾驶人也不妨找一些景色多变、色彩丰富的道路来行驶，如图 9 - 23 所示。

图 9 - 23　选择多彩的道路驾驶

03　秋季驾驶的注意事项

秋季是收获的季节，也是运输生产的旺季，道路交通流量大，容易发生交通事故。为此，在行车中，驾驶人应严密注意车辆动态，正确判断情况，注意观察交通信号和标志，服从交警指挥，要根据道路情况，适时调整控制好车速、车距，坚持中速行驶，做到文明行车，防止事故的发生，如图 9 - 24 所示。

图 9 - 24　严格控制行车速度

第四节 冬季驾驶操作要点

01 冬季驾驶的特点

冬季气温较低，使机油黏度增大、燃油挥发性变差，会导致发动机起动困难。并且，冬季路面经常都是冰雪，汽车起步时容易产生滑转。在冰雪路面行驶时，汽车容易出现侧滑，如图9-25所示。而且，冬季气温低，容易冻裂发动机。

图9-25 冬季行车易侧滑

02 冬季驾驶的要点

（1）起动 冬季为使发动机顺利起动，驾驶人应采取下列措施：一是必要时进行预热，简单的方法是向发动机冷却系加注热水，但装有起动加热装置的车辆，可使用加热装置预热；二是发动机起动后不要急于起步，要维持一段稍高于怠速的转速，使发动机温度升高至50℃时再行起步，否则会加速发动机磨损和机件损坏，如图9-26所示。

（2）起步 冬季车辆起步时应使用低速档，缓抬离合器踏板，轻踏加速踏板。起步后，应低速行驶1~2km或更长的距离，待机件润滑正常后再加速。刚行驶时，要轻踩几脚制动踏板，以检验制动效能，如图9-27所示。

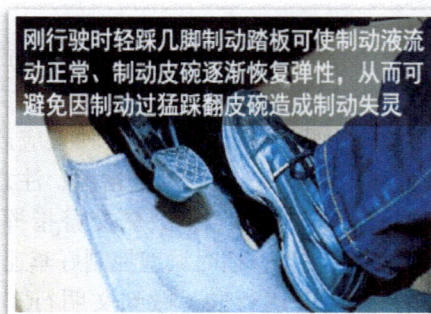

刚行驶时轻踩几脚制动踏板可使制动液流动正常、制动皮碗逐渐恢复弹性，从而可避免因制动过猛踩翻皮碗造成制动失灵

图9-26 冬季起步要升温

图9-27 车辆冬季起步后要踩几脚制动踏板

（3）行驶　冬季路面经常被冰雪覆盖，行驶中一定要控制车速，提速时要缓慢，不要猛踩加速踏板，操纵转向盘不可过猛、过急，尽量减少制动的次数，禁止紧急制动，以免车辆侧滑发生事故。同时，行车时不要太靠近路缘行车，如图 9－28 所示。

（4）停车　冬季尽可能将车停在车库或避风的地方。在道路上临时停车时，应利用地形地物避风防寒，要注意车辆不能停在拱形较大的路段，不要太靠路边，以防侧滑下沟。停放时间较长时，应使用三角木等物块固定车轮，如图 9－29 所示。

图 9－28　尽量在道路中间行驶

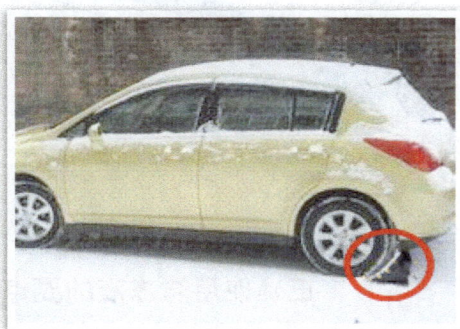

图 9－29　长时间停车时应用三角木固定车轮

03　预防发动机冻裂的要点

1）汽车经过长期使用后，气缸盖冷却水道内壁会生成一层厚厚的水垢，从而大大降低发动机冷却系统的冷却效率，并使气缸盖因局部散热不均匀而产生裂缝。为此，在有条件的情况下，需要定期清除冷却系统的水垢，如图 9－30 所示。

2）汽车长时间超负荷作业，冷却系统散热不良，供油时间过迟，都会引起发动机过热，并导致气缸盖产生裂纹。因此，要严禁汽车长时间超负荷作业，如图 9－31 所示。

3）当发动机散热器"开锅"时，突然加入冷水，气缸盖会因骤冷而产

图 9－30　定期清除冷却系统的水垢

生裂纹。正确的方法是：先停车，稍加油让发动机运转一会儿，待温度下降后再添加冷却液，如图9-32所示。气缸盖经长期使用后会逐渐翘曲变形，从而压不紧缸垫，导致从气缸内窜出高温气体，并引起气缸盖局部高温而产生裂纹，此时则需要及时修磨气缸盖平面。

图9-31　注意停车休息

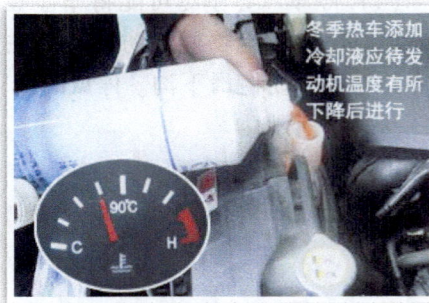

图9-32　添加冷却液的时机

04　正确使用防冻液的要点

1）检查冷却系统，不得有渗漏现象，然后再注入防冻液，如图9-33所示。然后，完全排尽冷却系统中剩余的冷却液，避免残留的冷却液稀释配制好的防冻液，使冰点发生变化。

2）防冻液沸点高、热容量大、蒸发损失小、冷却效率高，需要注意的是，使用防冻液时，发动机冷却温度要比使用软化水冷却时高出10℃左右，此时不能错误地认为是发动机故障，切不可立刻打开散热器盖，以免热气冲出导致烫伤，如图9-34所示。

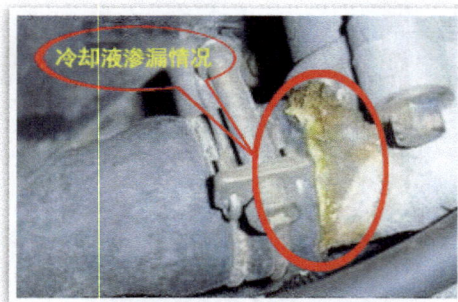

图9-33　检查汽车冷却系统

图9-34　不要轻易地打开散热器盖

3）更换防冻液必须在冷车时进行，要彻底放尽冷却系统中所有的残余防冻液，然后采用清洁软水清洁后再加注新防冻液至规定的液面。同时，因防冻液具有毒性，使用中应注意避免与人体接触，尤其不得溅入眼内，如图9-35所示。

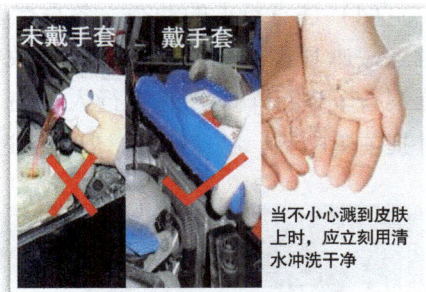

未戴手套　戴手套

当不小心溅到皮肤上时，应立刻用清水冲洗干净

图9-35　防冻液的添加方法

05　冬季驾驶的注意事项

（1）注意换季维护　冬季来临时，车主应对车辆进行一次换季维护，其主要作业包括：一是更换发动机机油、齿轮油，加注润滑脂；二是对发动机冷却系统加注防冻液；三是调整蓄电池电解液的密度，如图9-36所示。

（2）注意车辆防冻　冬季除了要给车辆加注防冻液外，长期停在外面的车辆，或者室外温度过低时最好给车罩上保暖套，如图9-37所示。未加防冻液的车辆停驶时切勿忘记放掉水，以防冻裂发动机。冬季来临，车主要特别注意天气预报，当预报中的最低温度在0℃以下时就应放掉冷却水。放水时，要将气缸体上和散热器底部的放水开关都打开，同时打开散热器盖，将水放净。行车途中如遇散热器的水结冰，应及时设法解冻。其正确的方法是：关闭百叶窗，使发动机怠速运转。

入冬后要对蓄电池电解液的密度进行检查

图9-36　电解液密度的检查

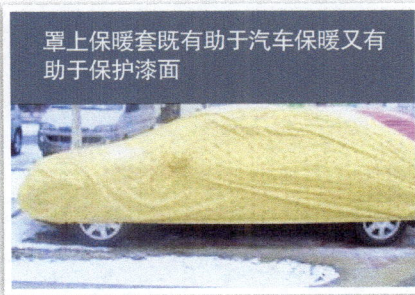

罩上保暖套既有助于汽车保暖又有助于保护漆面

图9-37　车辆长期停驶的户外保护

（3）注意玻璃结霜　风窗玻璃结霜会导致视线不良，影响行车安全。行车中适当打开车门玻璃，缩小驾驶室内与外界的温差可减少霜露，或者在风窗玻璃内侧涂上薄薄的一层酒精、盐水、甘油等防霜剂，也可收到良好的防霜效果，如图9-38所示。

（4）注意行人的动态 冬季严寒，行人和骑自行车的人多严装厚裹，有的还戴遮耳帽、穿棉大衣等，导致行动不灵活，并影响视力、听力。为此，在混行车道行车时，遇到行人和骑自行车的人，应与他们保持足够的距离，并提前鸣喇叭，减速慢行，安全通过，如图 9 - 39 所示。

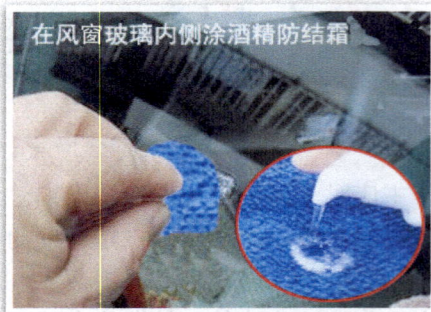

图 9 - 38　涂酒精防玻璃结霜

图 9 - 39　保持足够的安全距离

第 10 章

紧急状态下驾驶操作要点

第一节　汽车突然失控时的应对要点

01　转向失灵的应对要点

1）在汽车处于中高速运行时，当转向失灵且前后轮并未完全处于一条直线时，利用制动踏板紧急制动，很容易造成翻车。因此，应先拖滞、减速，后紧急制动较为稳妥。在使用制动踏板的同时，对其他汽车的驾驶人和行人要给出信号示警，如打开紧急报警闪光灯，打开前照灯，鸣喇叭并打手势等，如图 10-1 所示。

2）出现转向失灵后，不可空档滑行，不可踩下离合器踏板，应利用发动机的牵制阻力达到减速的目的；立即松抬加速踏板，把变速杆推入一个低档位；可均匀而用力地拉紧驻车制动操纵杆，不到万不得已时，不要一次拉得过紧，以防驻车制动装置失效、损坏，如图 10-2 所示。当发现车速明显下降时，踩下制动踏板，使车逐渐停下。

图 10-1　及时提醒其他车辆和行人

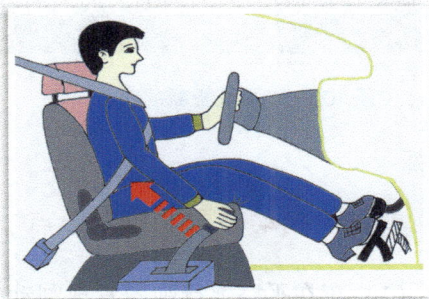

图 10-2　提拉驻车制动操纵杆要缓

02　转向跑偏的应对要点

汽车在道路上不能按照驾驶人的控制要求行驶，出现跑偏现象，此时应立即停车，对车辆进行检查：

（1）检查轮胎　检查左右轮胎的型号是否一致，轮胎气压是否符合标准。如果两个轮胎气压不等，气压低的一侧因滚动半径小，汽车就会自动跑向气压低的一侧，如图10-3所示。

（2）检查钢板弹簧　检查前钢板（减振）弹簧是否折断，左右钢板（减振）弹簧的弹性是否一致。当左右轮胎气压相等时，从车前向后看，应检查低

图10-3　检查轮胎的气压

的一侧的钢板（减振）弹簧，如有折断应及时更换，如图10-4所示；如无折断则是弹簧过软或拱度不够，应更换整副钢板（减振）弹簧。

（3）检查制动　在汽车行驶一段路程后，用手触摸制动蹄和轮毂轴承处，若感到烫手（见图10-5），说明制动发卡或轮毂轴承装配过紧，造成一侧制动器拖滞使行驶阻力增大，应进行调整。

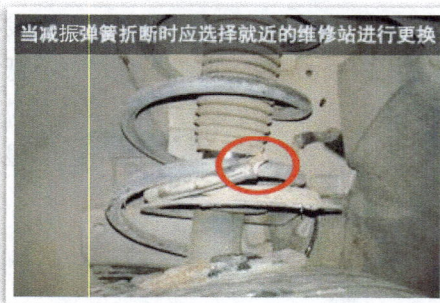

图10-4　更换折断的减振弹簧

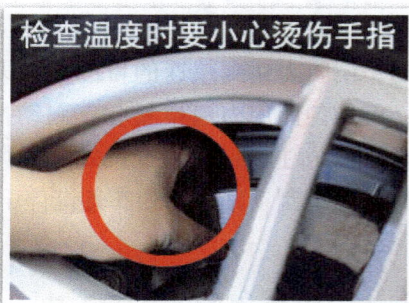

图10-5　检查制动鼓温度

03　制动失灵的应对要点

（1）车在平路上行驶若发现制动失效，应把档位迅速换入低速档，依靠

发动机的阻力作用降低车速；也可脱开高速档，迅速抢入低速档，靠发动机降低车速；同时要把稳转向盘，并拉紧驻车制动操纵杆，如图 10 - 6 所示。若不是紧急情况，驻车制动操纵杆不可一次拉紧不放，因为一次拉紧容易使驻车制动器"抱死"，很可能造成传动机构零件损坏。

（2）制动造成侧滑时的操作技巧　制动造成侧滑时，应立即停止制动，同时把转向盘向侧滑的一侧转动（后轮产生侧滑时），注意转方向时不能过急或持续时间过长，否则车辆可能会向相反的一侧滑动。同时，立即松开加速踏板，换入低速档，依靠发动机的牵阻作用降低车速，汽车在回正以后要平稳地把转向盘转到原来的位置，如图 10 - 7 所示。

图 10 - 6　制动失灵时的应急措施

当汽车侧滑相对解除后，回正转向盘的力度要小，速度要均匀

图 10 - 7　转向盘回正要轻缓平顺

04　铁路道口熄火的应对要点

1）在铁道口熄火，在发动机曲轴能转动的情况下，可迅速挂入低速档，用起动机作为动力，使汽车驶离轨道。在起动机动力不足的情况下，可用撬胎棍或其他铁棍在汽车轮胎处撬动前进，使汽车移动，如图 10 - 8 所示。

2）在有外援的情况下，也可根据汽车的大小或其他客观条件，采用人力或其他车辆牵引使汽车尽快脱离险区，如图 10 - 9 所示。如果车辆无法推出时，应打应急电话通知火车提前制动，避免险情发生。同时，驾驶迎着火车驶来方向，边奔跑，边将两臂高举头上向两侧急剧摇动，如能同时手持颜色鲜艳的布料或物品则更理想，夜间可手持白色灯光，上下垂直急剧摇动，示意火车紧急停车。

图 10-8　用铁棍撬动车轮前进

图 10-9　用人力推出铁路轨道

05　车骑路肩的应对要点

1）汽车一个轮子或两个轮子驶出路缘，使车身倾骑在路肩上时，驾驶人应从靠路面一侧的驾驶室门出来，如图 10-10 所示。

2）必要时，将车内物品由路缘外侧的一面搬到靠路边的一侧，以增大路面上轮胎的压力，防止汽车因失去平衡而倾覆。当车身基本稳定后，用铁锹刨挖路面上轮胎周围的泥土，使路面上的轮胎下沉，如图 10-11 所示。如果前后桥或传动轴触地，也应刨挖触地处的泥土，直到使车身平衡到能驶到路面上为止，在车身平稳前，不可冒险开动车辆，以防发生翻车事故。

图 10-10　从未悬空一侧逃离

图 10-11　刨除路面轮胎处的泥土

06　汽车驶出路肩悬空的应对要点

1）一旦有车轮驶出路肩，悬空停住时，驾驶人应根据当时的情况，选择既安全又不使车辆失去平衡的地方脱离驾驶室，如图 10 - 12 所示。驾驶人离开驾驶室后，要仔细观察车辆的险情，并根据情况采取相应的措施。

2）如果车辆有倾覆坠崖的危险，应用绳索系住车身并拴在公路上的自然物或木桩上，情况并不危急时，也可采用人力拉拽车辆的方法，如图 10 - 13 所示。如果路肩处坡度较缓，可挖削路肩，使悬空车轮落地；如果悬空车轮下方很陡，可用一木杠或跳板，以路缘为支点，一头伸在悬轮下，另一头用力压下，使悬空车轮驶出。

图 10 - 12　车头悬空时不可贸然逃离驾驶室

图 10 - 13　人力拉拽的应急方法

07　突然爆胎的应对要点

（1）后胎爆裂的处置技巧　若后轮爆裂，车身会向爆裂一侧倾斜，车尾摇摆，但方向一般不会失控（见图 10 - 14），此时不可盲目地转动转向盘，可反复缓踩制动踏板（切不可猛踩），使车辆负荷移向前轮。按正常的停车方法将车辆驶上路肩停下，然后尽快更换轮胎。

（2）前胎爆裂的处置技巧　若前轮爆裂，会影响方向的控制，十分危险，驾驶人应立即打开危险报警闪光灯，全力控制转向盘，使车身保持正直行驶，如图 10 - 15 所示。此时，抬起加速踏板（不可踩制动踏板），并迅速抢挂低速档，利用发动机牵阻制动车辆。当发动机牵阻作用尚未控制住车速前，不要使用制动器停车，以免车辆横甩发生更大的危险。然后，打开右转向灯，逐渐向右靠，停车。

图 10 - 14　后轮爆胎后汽车的运行轨迹

图 10 - 15　前轮爆胎时的应急处置

（3）在高速公路上爆胎的处置技巧

当汽车在高速公路上发生爆胎时，应首先控制住转向盘，掌握好行驶方向。在确保安全的情况下，利用惯性驶离行车道，使汽车在路肩或路边减速停车。若本车后面有跟随车辆，应反复轻踏制动踏板，即在制动器起作用之前，将踏板抬起，使制动灯闪烁，通知后面的车辆提前减速，以防后车追尾，如图10 - 16所示。

图 10 - 16　及时提醒后面汽车注意

08　车前有人突然横穿公路的应对要点

车辆行驶时，车前有人突然横穿公路，驾驶人首先要鸣喇叭。鸣喇叭的目的是提醒横穿公路的人，促使其停止或加速通过。其次要减速。减速与鸣喇叭同时进行，以便给行人留出穿过公路的必要时间。再次要做好转向。转向避开行人，这个动作的前提是判断一定要准确，判断行人的速度和车辆从其身前或身后通过的时间，还要观察清楚左右有没有过往的车辆，如果有过往的车辆，则要避免因侵入其他车道而导致撞车事件。最后是制动，包括制动减速和制动停车。制动减速是给行人留出通过

图 10 - 17　突然有人从车前横穿的应对要点

的时间，制动停车是在行人无法赶在车辆之前穿过车道时，紧急制动停车，如图 10 - 17 所示。

09　车前突然有人摔倒的应对要点

驾驶人开车经过这种路段并遇到此类行人时，务必坚持中速行驶，给意外情况的应急处理留有余地。当前方有行人或骑自行车的人突然倒地时，驾驶人首先应抬起加速踏板，然后视情况，分别采用紧急制动、改变方向躲过或停车。如果车速小于 40km/h，前方 8m 之外有人摔倒，路面无湿滑和结冰的情况，驾驶人可以采取紧急制动。如果两侧车道无其他车辆或行人过往，驾驶人可以改变方向，从摔倒者的一旁通过，如图 10 - 18 所示。如果道路湿滑、两侧车道拥挤，自己车速较快，摔倒者与车道平行且无爬起的迹象，则可调整方向直行，使汽车骑摔倒者

在距离摔倒者较远，交通环境允许的情况下，尽量选择绕行

图 10 - 18　选择绕行的方法

通过。无论采取何种方法，要根据道路条件、驾驶人的技术和摔倒者的状况而定。

10　遇到雪崩和泥石流的应对要点

车辆在行车途中遇到雪崩、泥石流等自然灾害时，驾驶人既要科学地沉着应对。单车外出遇到这类灾害时，在可能的条件下，要把车辆开到安全地带，如果被灾害所围困，应该设法自救，如图 10 - 19 所示，有计划地使用随车携带的饮食等生活必需品。同时，也要探索性地向外侦察，寻找脱离险境的道路或方法。

可以选择自己被困地点的最高处或最显眼位置，挂起求救的鲜明标记，引起他人注意

图 10 - 19　及时设法求救

11 散热器"开锅"的应对要点

当发现散热器"开锅"时，人尽量离发动机远一点，头部最好不要面向散热器，如图 10-20 所示。然后，先用抹布捂住散热器盖，将盖拧松一点，然后迅速收回手臂，观察有无水蒸气从散热器盖的四周溅出。待没有水蒸气溅出后，顺势将散热器盖打开。打开散热器盖时不能戴手套，以防开水或蒸汽将手套打湿，造成烫伤。"开锅"后，机件都处于膨胀状态，各配合间隙很小，停机后会造成有些软金属脱落，有的甚至会造成粘缸。散热器"开锅"后，应保持发动机怠速运转，待温度下降后熄火加水。

图 10-20 头部不得面向"开锅"的散热器

12 风扇传动带突然折断的应对要点

1）若行车中风扇传动带损坏，一般应立即停车更换。如果无新件更换，可用铁丝连接应急，如图 10-21 所示。为了防止铁丝将孔拉裂，钻孔时孔眼与断面的距离应适当大些。铁丝嵌接在传动带内侧应交叉，外侧应平行，铁丝接头应留在外而，同时注意传动带不要上得过紧。

2）若损坏的传动带已老化，无法嵌接时，可用麻绳（或尼龙绳等）若干股搓紧，其长度应稍短于原传动带，粗细应与原传动带相近，以装到传动带轮上时绳索不接触到三角传动带轮槽底为度，如图 10-22 所示。为避免代用传动带打滑，可在其上间隔打结，然后用铁丝将接头处绑紧。如果没有合适的绳子，可以用女用长筒丝袜来临时替代风扇传动带。

图 10-21 断裂的传动带用铁丝拧紧应急

图 10-22 断裂的传动带用绳索临时应急

13　风窗玻璃突然破裂的应对要点

行驶中遇风窗玻璃突然破裂时，驾驶人不要突然转动转向盘或紧急制动。风窗玻璃一旦破碎了，就会使前方视界模糊不清，这时驾驶人必须保持镇定，缓慢降低车速停车。此时，应尽快驶离车道，用工具把破裂的玻璃击穿后继续行驶，如图 10 - 23 所示。在没有更换的情况下，把所有的车窗关紧后再开车。行车中车速不能过快，否则，车内气压太高，可能把后窗玻璃压迫得飞脱出去。

14　发动机进水的应对要点

若发现发动机进水，应立即停车，然后拆除所有火花塞，排除气缸内的水分，如图 10 - 24 所示。最后，拨打救援电话，将车拖回维修厂维修。

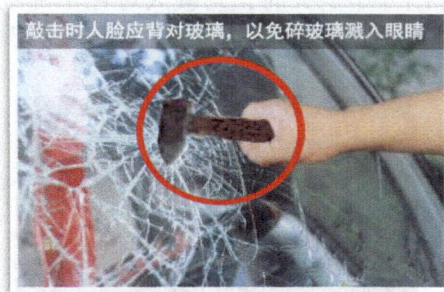

图 10 - 23　清除破碎的风窗玻璃　　　　图 10 - 24　及时拆除火花塞

15　夜间行车时灯光失灵的应对要点

1）夜间灯光出现故障时，视线不良，难以清楚地判断地形地物，道路边缘模糊不清，驾驶人容易疲劳，因此应高度集中精神，谨慎驾驶，并随时做好停车准备。此时，必须严格控制车速。一般在光线较强、路幅较宽阔、车辆稀少的道路上，时速不能超过 30km/h；在桥梁、窄路、坡道、交叉路口等地点，时速应控制在 10～15km/h；遇有阴暗地段、路况不易辨清时，时速应控制在 5～10 km/h 以内。同时要注意观察周围的情况，尽量使汽车在道路中间行驶。对于闭灯或无灯迫不得已驾驶时，可选择道路两侧明显标志物作为参照物，如图 10-25 所示。

2）依据地面的颜色来判断道路的情况：黑色——泥或坑；白色——水；灰白色——路；走灰不走白，遇黑停下来。无月夜路面为深灰色，路外为黑色；月夜路面为灰白色，有水的地方为白色；雨后路面观察方法如图 10-26 所示。雪后车辙为灰白色，通过较多车辆后为灰黑色。如果雪后无

图 10-25 选择道路两侧物体作为参照物

车通过，可依据公路两旁的树木为目标，选择中间行驶。行驶中如果遇到前方突然发黑，有可能是大坑、障碍物或急弯，应停车判明情况，再通过。

3）如果前照灯突然熄灭，驾驶人要沉着果断，稳握转向盘，采取立即靠边停车的措施，及时开亮前小灯和雾灯等，必要时也可使用转向灯暂时照明。如果车灯一时不能修复，按规定不许继续行驶，若遇特殊情况，可暂时用其他灯光代替，如图 10-27 所示。前照灯刚开始熄灭时，驾驶人可停车片刻，闭眼等待一会儿，待眼睛完全适应后，再驾车继续前进。

图 10-26 雨后无灯驾驶的观察

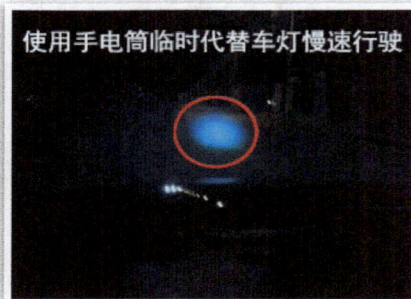

图 10-27 用其他灯光临时代替车灯

16 路遇歹徒的应对要点

1）非公安交通管理人员是不能随意阻拦汽车的，行车中一旦遇有陌生人员拦车时，一定要观察仔细，一般不要停车。确需停车时，可以将窗户打开一个小缝，仔细询问并观察周围情况，弄清原因，以防遭受歹徒的袭击，如图 10-28 所示。

2）一旦歹徒上了车，驾驶人要让自己尽快沉静下来，毕竟慌忙不仅解决

不了问题，还会扰乱与歹徒灵活周旋的思路。此时应把保护好人身安全和物资安全放在第一位。路遇歹徒后不要与犯罪分子纠缠，要设法安全通过，并设法报告当地公安机关，如图 10 - 29 所示。

图 10 - 28　路遇陌生人的应对方法

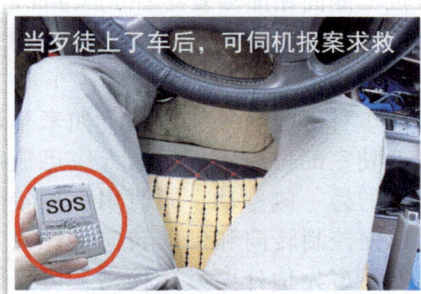

图 10 - 29　设法报案

第二节　发生交通事故时的应对要点

01　汽车发生正面相撞的应对要点

正面相撞是指驾驶人所驾车辆与对面来车或障碍物发生正面撞击的现象，如图 10 - 30 所示。当无法避免与迎面驶来的汽车相撞时，驾驶人应迅速判断可能撞击的方位和力量。如果撞击方位不在驾驶人一侧或撞击力较小时，驾驶人应用手臂抵紧转向盘，两腿向前蹬直，身体向后倾斜，以免头撞到风窗玻璃上受伤。如果撞击方位临近驾驶人座位或撞击力较大时，驾驶人应迅速避开转向盘，同时将两腿迅速抬起，防止发动机和转向盘严重后移而伤及自身。

图 10 - 30　正面相撞

165

02　汽车发生侧面相撞的应对要点

汽车侧面相撞多发生在交叉路口，若侧面相撞的撞击部位在驾驶室，危险相当大，如图10-31所示。避免的办法是提前发现险情，迅速调转车头方位，让车身部分与来车相撞。如来车正对着驾驶室部位撞击，驾驶人应迅速往驾驶室的另一侧移动，同时用手拉转向盘，以便控制转向和借助转向盘稳住身体。如果事先估计要发生撞击，可立即顺车转向，努力使侧面相撞变成碰擦，以减小损伤程度。

图10-31　侧面相撞

03　汽车发生碰擦的应对要点

碰擦一般是指会车、超车或避让障碍时车体与其他车体相碰擦的现象，如图10-32所示。碰擦对乘坐在车厢边上的人员危险较大，当发现将要碰擦时，车上人员应迅速向车辆内侧挤靠，防止车壳变形挤伤身体。行驶中驾驶人应尽量加大侧向安全距离，发生碰擦时（若条件允许）应迅速向外侧稍转转向盘，接着再回一点，并立即将本车车体与碰擦车体分开，同时防止因碰擦而发生侧滑，或者两车车体咬在一起。

图10-32　汽车碰擦

04　汽车翻车的应对要点

汽车翻车时，驾驶人应紧抓转向盘，两脚钩住踏板，使身体固定，随车体翻转，如图10-33所示。如果汽车向深沟滚翻，驾驶人应迅速趴到座椅下，抓住转向盘管或踏板，避免身体滚动而

车身翻转时双脚钩紧离合器踏板和制动踏板，双手抓牢转向盘

图10-33　汽车发生翻转时的处置方法

受伤。如果驾驶室车窗未关，在预感将要翻车时，应抓住转向盘，身体尽量往下躲缩，在车体翻转时，更要抓紧，不可松手，以免身体甩出车外。当需要跳车逃生时，不可顺着翻车方向跳车。若不可避免地将要被抛出时，应在抛出瞬间猛蹬双腿；落地时，双手抱头顺势向惯性方向跑动或滚动一段距离，以减轻落地重量。

05　汽车侧翻的应对要点

汽车侧翻是翻车的一种最常见形式，它是指汽车在行驶过程中绕其纵轴线转动90°或更大的角度，致使车身与地面相接触，如图 10-34 所示。当汽车发生侧翻时，若驾驶人可从车内逃出，则应及时卸下蓄电池，放出燃油以防起火，然后设法将车身放正。车辆半侧翻时可用大木杠橇抬，在一侧用绳索牵拉，也可用千斤顶在侧翻的一侧顶抬，当千斤顶将车身升起后，用砖、石、木垫塞，然后换下千斤顶，再重新顶升、垫塞，如此反复，直到车身端正为止。

06　汽车掉入沟底的应对要点

图 10-34　汽车侧翻的常见形式

1）当汽车掉入沟底后，驾驶人可选择相对坚硬且坡度较小的斜坡，挂低速档驶上公路，如图 10-35 所示。

2）当斜坡较大，车辆行驶会有危险时，可在车上拴系绳索，把绳索的另一端拴在公路上坚固的自然物或木桩上，然后使车辆上坡。上坡过程上，根据需要调整绳索的距离，以帮助车辆保持平衡。无法自行驶出时向救援单位或其他车辆求助，如图 10-36 所示。

图 10-35　汽车从浅沟底的驶出

图 10-36　利用汽车牵引驶出

167

07　汽车突然发生火灾的应对要点

汽车在行驶中如发动机或燃油箱等部位发生火灾时，驾驶人应立即停车，组织乘员下车，切断电源，关闭点火开关和燃油箱开关，并用随车灭火器及时扑灭火焰，如图 10 - 37 所示。如果汽车加油时发生火灾，驾驶人应立即停止加油，将车开出加油站，再用灭火器扑灭燃油箱火焰。如果地面上有流散的燃料燃烧，应将着火车辆拖离危险区，然后将地面和汽车上面的火焰扑灭。灭火时，先扑灭燃油箱等重要部位的火焰，再扑灭其他部位的火焰。使用消防沙和灭火器时，应从火边缘开始，逐步向里缩小，直到全部覆盖。

图 10 - 37　发动机着火的扑救

08　汽车突然触电的应对要点

汽车触电后，由于汽车各部分金属构件连接成一体，整个汽车处于等电位状态，汽车内的人也以相同的电位存在于这个等电位体中，这时尽管汽车与导线或汽车与地面之间存在电位差，容易产生点火花，但并不会伤害车内人员，如图 10 - 38 所示。此时，人一旦下车，人体的一部分与车体接触，另一部分与地面接触，由于形成导电的回路和具有电位差，而使其遭电击，导致触电伤亡事故。因此，汽车触电后，车内的人员均不能下车，同理，车外的人员也不能接触车体。

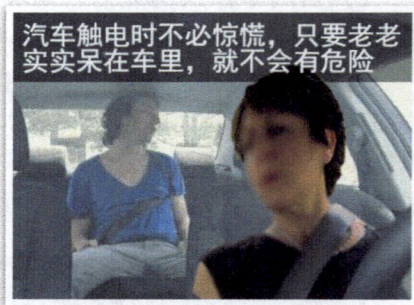

图 10 - 38　汽车触电时乘员的应对方法

第 11 章

安全驾驶相关知识要点

第一节　安全行车的基本原则

01　右侧通行原则

我国和世界上大多数国家一样，采用右侧通行制度，即靠道路的右侧选择自己的行驶路线，如图 11－1 所示。我国右侧通行制的确立是有历史渊源的。我国有记载的右侧通行是唐代，唐代至鸦片战争前右侧通行；鸦片战争至抗日战争前，我国汽车及各种人力车较长时间实行左侧行驶。抗日战争胜利后，美式汽车大量进口，其转向盘及灯光安置均适用于美国车辆靠右行驶的习惯，当时的中国政府战时运输管理局做出决定，自 1946 年 1 月 1 日零时起，统一实行靠右行驶。新中国成立后，沿袭了车辆右行制。但我国航海、河运、铁路仍采用左侧通行制。

图 11－1　靠右通行原则

02　各行其道原则

1）划分机动车道和非机动车道的道路上，机动车在机动车道上行驶，轻便摩托车在机动车道内靠右边行驶，非机动车、残疾人专用车在非机动车道上行驶，如图11-2所示。

2）在没有中心线及没有划分机动车道与非机动车道的道路上，机动车在中间行驶，非机动车靠右边行驶，如图11-3所示。

图11-2　划分机动车与非机动车车道

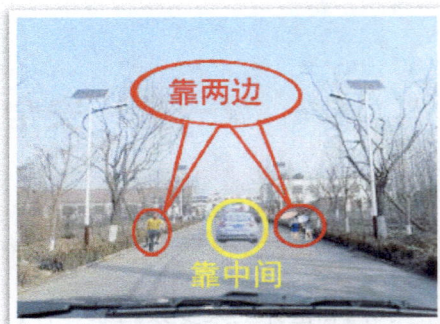

图11-3　没有中心线的道路通行原则

3）在划分小型机动车道和大型机动车道的道路上，小客车在小型机动车道行驶，其他机动车在大型机动车道行驶，如图11-4所示。

4）大型机动车道内的车辆，在不妨碍小型机动车道上的车辆正常行驶时，可以借道超车，如图11-5所示。

图11-4　机动车分道通行原则

图11-5　借道超车

5）在小型机动车快车道行驶的车辆，因故不能按规定速度行驶时，应转入大型机动车快车道行驶，如图 11-6 所示。

6）在道路上划设有超车道的，机动车超车时可以驶入超车道，超车后必须驶回原车道，如图 11-7 所示。

图 11-6　因速转道行驶

图 11-7　超车道只用来实现超车需求

03　通过交叉路口按信号行止原则

交通规则明确规定：各种车辆行经交叉路口，应按交通指挥信号通行。之所以把按交通指挥信号行止作为车辆安全行驶的一条原则，是因为交叉路口车多人多，情况多变。特别是交通流量较大的城市交叉路口，多方平面交叉，情况更为繁杂。为了使来往车辆、行人安全而有秩序的通行，避免阻塞，防止发生碰撞事故，交通管理部门设置了灯、棒等各种交通指挥信号，要求车辆驾驶人和行人必须遵守。如果不遵守交通指挥信号，必然形成随意通行、混乱交叉的局面，不仅造成交通阻塞，还容易引起交通事故。

图 11-8　按交通信号行止的原则通行

因此，一定要遵守按交通指挥信号行止的原则，如图 11-8 所示。

04　尊重非机动车和行人的优先权原则

我国道路交通结构是人、车混行的混合交通，如图 11-9 所示。为了确保交通安全，交通法规明确规定了各行其道的原则。机动车、非机动车和行人都拥有各自的通行道路，并且在此道路内享有路权。但是机动车必须尊重非机动车和行人在法定的道路内通行的优先权。例如，机动车在不能绝对保障安全的条件下，不得驶入非机动车道和人行道；借道通行的车辆或行人，应当让在其本车道内行驶的

图 11-9　严重的城市混合交通

车辆或行人优先通行，现行的《道路交通安全法》为了保证人的健康权、生命权，保障良好的交通秩序，特别从通行权利的分配上充分保护行人的生命安全产。一是赋予了行人在人行横道上的绝对优先权。规定机动车行经人行横道，应当减速行驶；遇行人通行，必须停车让行。二是保护无交通信号情况下的行人横过道路权。规定在没有交通信号的道路上，机动车要主动避让行人。

05　确保车辆安全设备齐全有效的原则

交通规则规定：机动车的总成、组合件、附件、制动器和后视镜等设备必须装备齐全，机械状况良好，各种车辆的制动器、转向器、各种灯光中途发生故障时，必须修复后方准行驶。

车辆技术状况的好坏，对安全行车起着十分重要的保证作用，其中以转向装置、制动装置的技术状况最重要，驾驶人必须保证其良好有效，严禁开"病"车上路行驶，这是一条关系人民生命安全的重要原则，如图11-10所示。

图 11-10　故障车不得上路行驶

06　安全第一原则

安全原则是行车中最基本的原则。由于我国地域辽阔，交通情况繁杂，

一部交通法规不可能将所有的交通情况和通行方法都概括。因此，《道路交通管理条例》规定：遇有本条例没有规定的情况下，车辆、行人必须在确保安全的原则下通行。每位机动车驾驶人在享有路权的同时，还必须履行《道路交通管理条例》的其他若干规定，以确保自身和他方的合法权益。例如，汽车发生故障而停驶，必须在其车后150m处设置危险道路安全标志，夜间还必须开启危险报警闪光灯，以免发生追尾，如图11-11所示。

图 11 - 11　夜间停车必须开启危险报警闪光灯

07　道路必须畅通的原则

道路是交通的基础，没有道路，交通就失去了基础。道路与交通的关系，犹如血管与血液的关系：血管不通，血液就不能循环，心脏就会停止跳动；道路不通，交通就会中断，生活就会瘫痪。因此，把道路畅通作为我国道路交通管理的一项基本原则是十分必要的，同时它也是保证安全行车的重要原则，如图11-12所示。

图 11 - 12　道路畅通原则

08　"紧急避险"原则

汽车驾驶人在行车途中，有时会遇到不可预见的突发险情，如山崩、"龙卷风"的突然袭击，前车突然发生事故或违章等，在万不得已的情况下，驾驶人应立即采取"紧急避险"措施。这里的"紧急避险"是指在法律所保护的权益遇到危险而不可能采用其他措施加以避免时，不得已采用损害另一个较小的权益，以保护较大的权益免遭危险损害的行为。它是一种合法行为。例如，驾驶人为了避免即将发生的撞人事故，驾驶人紧急制动的同时，可将转向盘打向路边的大树、路牌、围墙等障碍物协助制动停车，以减小事故，如图 11－13 所示。但法律对"紧急避险"方式做了严格的限制，要确定是否"紧急避险"，必须具备以下几个必要条件：

图 11－13 "紧急避险"原则

1）必须是为了避免依法应予以保护的国家或法律或集体的公共利益，以及本人或他人的人身和权益遭受的损害。

2）必须是为了避免正在发生的危险，这时危险已迫在眉睫，对法律所保护的权益已直接产生了危险。

3）必须是在没有其他办法可以避免的情况下，不得已而采取的紧急行为。

4）因"紧急避险"造成的损失，必须小于或轻于被避免的损失，也就是说，其行为不能超过一定的限度。

另外，我国《刑法》第二十一条第三款规定：关于本人避免危险的规定，不适于职务上、业务上负有特定责任的人。汽车驾驶人对本车上的一切人员及财产负有保护的责任，他不能借口因汽车遇险而不顾车上其他乘员和财产的安全弃车或跳车逃命，否则他就要负刑事和民事责任。

第二节　安全行车的基本知识

01　影响行车安全的八大陋习

（1）驾驶自动档汽车不扶转向盘　自动档汽车解放了左脚，但不等于也解放了双手，常有驾驶人左手拿电话，右手挂档和扶转向盘，其实这是一种分散注意力、降低驾驶人反应速度的错误习惯，如图 11－14 所示。在较高速度行驶（60km/h 以上）时，如果车轮受到坡坑的颠簸而偏离方向，就很容易造成事故，但如果双手拿着其他物品，不能迅速回到转向盘处，车辆方向不稳，事故发生的概率会更高。

（2）开车时抽烟、喝饮料　有人把车比喻成爱人、老婆甚至是家，认为可以在里面舒服地做其他事情，如抽烟、喝咖啡、喝饮料，但这种"小资"增加了安全隐患，如图 11－15 所示。

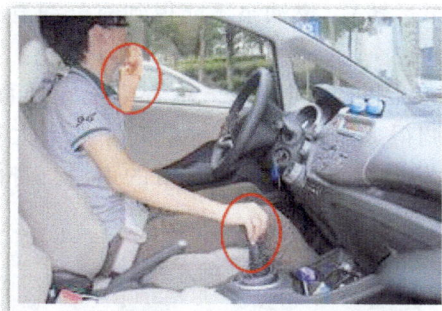

图 11-14　双手离开转向盘

吸烟对安全行车影响最大，首先，吸烟需要点烟、持烟、动作使驾驶人注意力分散，其次，吸烟形成的烟雾会影响驾驶人的视线，再次是容易导致火灾

图 11-15　开车抽烟的陋习

（3）行驶时安全气囊上面摆放物品　安全气囊可以在发生正面碰撞后弹出，提供缓冲和保护，以确保人身安全。安全气囊瞬时冲破塑料面板，如果面板上放有物品，物品就会随着向前弹出，速度之快也许可以赶上子弹。安全气囊还未实行保护，"子弹"却先伤了人，可谓功不抵过。正常行驶后，安全气囊就时刻处于待命状态，建议驾驶人不要在气囊位置处放置任何物品，如图 11-16 所示。一般转向盘和副驾驶前面板上会有 SRS 的标识，这就是表示该处安置有安全气囊。

（4）过水坑不减速　在赛场可以用快慢来决胜负，但在现实生活中，快慢还被赋予了很多道德意义。过水坑时减速慢行，避免溅伤行人，不但是一种良好的驾驶习惯，而且在很多时候可以保证自身安全，如图 11-17 所示。下雨天，由于道路看不清，水坑深浅难判，提前减速查看也可以防止汽车熄火。

香料盒

图 11-16　安全气囊处放置物品的陋习

过水坑减速慢行，避免积水溅到行人身上，是一种基本的文明驾驶行为

图 11-17　过水坑不减速的后果

（5）燃油量警告灯亮继续行驶　听到一些开车的人曾夸耀说，燃油量警告灯亮起后车辆还能行驶四五十千米，其实这种行为很冒险。目前，许多车型的燃油泵直接安装在燃油箱底部，燃油泵依靠燃油进行润滑和降温，如果

燃油量缺失过多，在行驶状态下（燃油泵运转），燃油泵不能得到充分润滑和降温，很容易造成泵体的损害，如图11-18所示。

（6）驾驶座椅太过靠后　有些驾驶人因长时间开车，总希望把腿伸直，如图11-19所示。驾驶人把座椅位置调得太过靠后，腿部空间固然增大很多，但是伸直了的腿很难在紧急制动时发力，而且由于安全带的束缚，身体不能大幅前倾，导致制动不及时，造成事故。

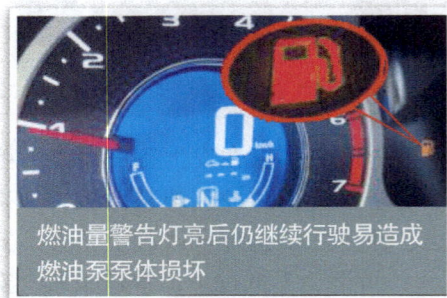

图11-18　燃油量警告灯亮时应及时添加燃油

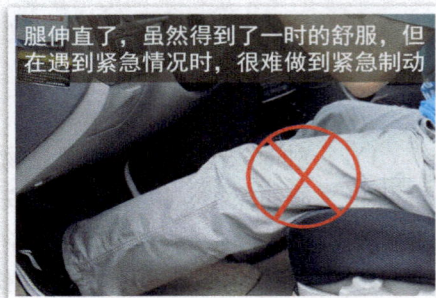

图11-19　驾驶座椅太过靠后

（7）驾驶时穿高跟鞋　由于高跟鞋把后脚的支点抬高，无形中增大了踩制动踏板的力度和角度，驾驶人有时需要踮着脚尖去狠踩踏板，才能达到正常踩踏和制动的效果，如图11-20所示。

（8）不开前照灯和老开前照灯　有经验的驾驶人为了规避因前车失误而造成的事故，有时会在超车时用前照灯"提醒"一下前车，以免超车时前车临时并线。此外，晚间行车，后面的车如果不开行车灯，前车很容易认为后面无车接近，在并线时造成对后车的剐蹭。"老开前照灯"造成对面车辆中的驾驶人眩目，容易使其判断失误，更使对面的驾驶人反感，如图11-21所示。

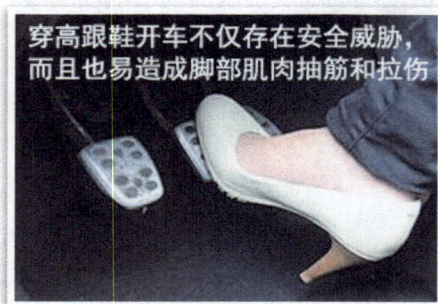

图11-20　不得穿高跟鞋开车

图11-21　不文明的灯光使用行为

02　克服十二种错误操作

（1）雨天行车突然放松加速踏板　雨天路面较滑，若驾车制动运用不当则会产生侧滑。当汽车高速行驶时突然放松加速踏板，发动机会突然减速，使车轮与地面之间产生了瞬间制动，因而产生侧滑。而猛踩加速踏板与之相反，同样会产生侧滑。因此，减速时应缓慢放松加速踏板，如图11-22所示。

（2）行驶中连续急加速　有些驾驶人喜欢在发动机负荷状态下连续急加速（见图11-23），这种做法极易导致的不良后果是易打坏正时齿轮，造成发动机无法工作。采用连续急加速的做法，将使正时齿轮与啮合齿轮的啮合力随之骤变，极易使正时齿轮的轮齿打坏，导致配气机构、燃油泵等无法工作。

图11-22　雨天放松加速踏板要缓

图11-23　急加速最伤汽车

（3）踩离合器踏板调整车速　有些驾驶人在上坡道路上遇有情况时通过踩离合器踏板来减速，有些驾驶人在转弯过程中踩离合器踏板来加速，这样会导致离合器或传动机件过早损坏，如图11-24所示。

（4）习惯把右手放在变速杆上　当车辆行驶到交通条件差、需频繁换档的道路上时，有些驾驶人就会习惯地把右手放在变速杆上，如图11-25所示。

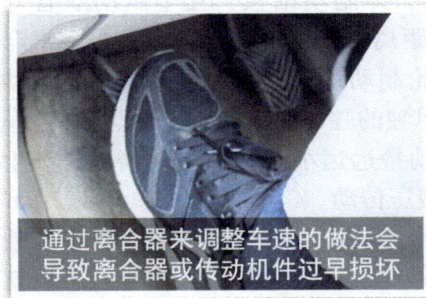

图11-24　通过离合器调整车速

图11-25　把手长时间放置在变速杆上

（5）在高档位下强行爬坡 有些驾驶人驾车时，在高档位爬坡，虽感觉动力不足，但还是不愿降档，试图用加油的方法冲过坡道，这样做将造成许多危害：① 节气门开度大，进入气缸的混合气量多，造成爆燃的条件，因此，这时候往往可以听到发动机发出的金属敲击声；② 因爬坡时车辆行驶阻力大，发动机转速低，燃烧室内混合气扰动小，气缸内火焰传播速度较慢，使可燃混合气体自动爆燃；③ 会使发动机曲轴轴瓦负荷过大和曲轴转矩过大，导致烧瓦甚至曲轴折断等恶性事故发生。因此，爬坡时一定要注意车速与档位的正确配合，及时降档，以免造成机件损坏，如图 11-26 所示。

（6）自动变速器车辆高速行驶或下坡时在 N 位滑行 为了省油，驾驶人在高速行驶或下坡滑行时，将变速杆拨到 N 位滑行，如图 11-27 所示。这种情况下，变速器输出轴转速很高，而发动机怠速运转，变速器油泵代油不足，润滑状况变差。而且，对变速器内部的多片离合器来讲，虽然动力已经切断，但其被动片在车轮的带动下高速转动，发动机驱动的主动片转速很低，两者间隙又很小，容易引起共振和打滑现象，产生不良后果。当下长坡确需滑行时，可将变速杆换至 D 位滑行，但不可使发动机熄火。

图 11-26　高挡位爬坡伤机件

图 11-27　下长坡时不得使用 N 位滑行

（7）小型汽车紧急制动时使用驻车制动 有些小型汽车的驾驶人在紧急制动时，往往沿用大型车辆的传统做法，即制动踏板、驻车制动双管齐下（见图 11-28），认为这样可以缩短制动距离。其实不然，因为，小型汽车的驻车制动器一般都是机械的，作用于后轮制动片上，因此可以说只是制动踏板的一个附属部分（大型汽车则往往是单独的驻车制动装置），只是在停车时及坡道起步时起到防滑的作用，它的制动量远远小于踩踏制动踏板时产生的制动量，制动的时间也慢于制动踏板的液压传动。

（8）用驻车制动或紧急制动防止侧滑 当汽车发生侧滑时，有些驾驶人往往紧急制动，认为这样可使汽车迅速停住，车一旦停下，侧滑当然也就消除了。殊不知，这样做会适得其反，因为汽车出现侧滑，说明轮胎和路面的附着力不够，再用紧急制动将加剧车轮抱死、滑移，如图 11－29 所示。此时，纵向、横向附着系数会进一步下降，地面不平不可能提供足够的制动力使行驶的车停下来，在横向力的作用下，反而加剧了侧滑。如果单独使用驻车制动，恰恰形成了后轮抱死产生侧滑的条件，所以，单纯使用驻车制动来防止侧滑的做法也是事与愿违的。

图 11－28　紧急制动时不要使用驻车制动

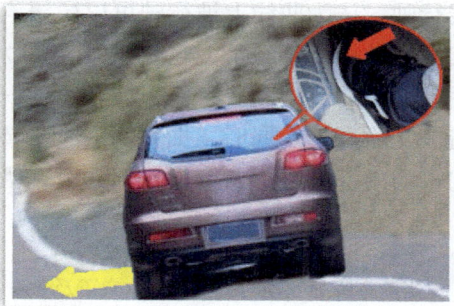

图 11－29　紧急制动会加剧侧滑

（9）高速公路上紧急制动　在高速公路上行车一般不要用制动踏板，车速的控制主要靠巧用加速踏板来实现，如图 11－30 所示。若车辆稍微减速，驾驶人只要放松加速踏板即可。若进入交叉枢纽或将车驶进停车区域时，应先利用发动机牵制动力减速，然后换入低速档，待车速降低后，再分几次踩制动踏板，切勿紧急制动。

（10）中速以上行驶猛转转向盘　汽车车速越快，转向盘的转动幅度应越小，否则便会失去稳定，引起车辆侧翻，如图 11－31 所示。有些驾驶人由于经验不足，遇到紧急情况猛转转向盘，虽然避免了前方路障，却可能造成不堪设想的后果，尤其是在高速公路上更应注意。据经验，如果汽车速度是一般公路上的 2 倍时，转向盘的转向角度只要原来的 1/4 就足够了。

图 11－30　高速公路多用预见性制动

图 11－31　车速快时猛转向易翻车

（11）高速公路上行车间距过小　当车辆驶入高速公路时要与其他车辆保持同一速度，注意与前方保持足够的距离。当时速为60km/h时，至少保持60m的车距；当时速为100km/h时，至少保持100m以上的车距。若遇到雨天、雪天、雾天，车距应增加一倍以上，如图11－32所示。

（12）汽车上坡曲线行驶　有些驾驶人驾驶重车上坡时，不走直线而走曲线行驶，认为曲线上坡行驶可以微缓汽车的上坡阻力，如图11－33所示。其实，这种做法不经济，也不安全。因为，汽车上坡时曲线行驶，肯定是要占用下坡车的行驶路线，而下坡车速度一般较快，一旦避让不及就会发生碰撞，造成交通事故。同时，曲线行驶时，驾驶人不停地左右转动转向盘，会使转向机构内部的摩擦与磨损增加，对车辆的寿命不利。

图11－32　高速公路上跟车过近危险大

图11－33　曲线上坡行驶是错误的操作

03　克服五种不良驾驶习惯

（1）没有用过危险报警闪光灯　遇到以下的三种状况时要使用危险报警闪光灯：

1）在发生事故、故障等紧急状况下，不得不在道路上停车时。

2）因上下车或装卸货物而不得不在道路上停车时。

3）在高速公路前方堵车，为了防止追尾，警示后车注意时。

此外，以下的三种场合时可以看到边闪烁危险报警闪光灯边行驶的状况：

图11－34　出现故障要靠边停车

1）婚礼的车队等，多辆车一同行驶时。

2）车辆、驾驶人出现异常状况时，正在移动到安全场所的途中，如图 11－34所示。

3）新驾驶人，无法快速行驶时。

总而言之，危险报警闪光灯的作用就是向后方的车辆警示危险状况，要有效地使用。

（2）变更车道或就要转弯之前不开转向灯　打开转向灯是为了通知周围的汽车和行人自己要变更车道或要转弯。变更车道时在靠近该车道之前，转弯时在踩制动踏板减速之前，都要打开转向灯，这也是为了自己和他人的行车安全，避免碰擦事故的发生，如图 11－35 所示。

（3）前面还是红灯时就一点一点地向前移动　在信号灯前，经常能看到一度停下来的车辆又一点一点地向前移动，如图 11－36 所示。如果前面是人行横道的话，会给步行者带来不安和使他们不知道车辆什么时候会突然起动。因此，在等信号灯时，一定要等到信号灯变绿后再起动，这是基本规则。

图 11－35　转弯前必须打开转向灯

图 11－36　红灯时应停车等候

（4）频繁变换车道　有些驾驶人为选择空的车道而左右变换，如图 11－37所示。选择空的车道行驶也不会节省多少时间，经常会遇到有的驾驶人见空的车道就并过去，结果发现前方有障碍物，不得已又变回原来的车道，这样反反复复反而浪费了时间；而且，变换车道的同时也伴随着危险。行驶在车道较多的道路上时，原则上在右侧车道上行驶，左侧车道是准备左转弯或超车时使用。

（5）在转弯处轧中央车线或外侧行车线　在道路上，经常可以见到在转弯处由于车速过快而轧中央车线或外侧行车线的车（如果是道路的右侧有停止的车辆等障碍物的原因，而不得不轧中央车线或外侧行车线的车除外），如

图 11-38 所示。这是危险性很高的驾驶方法，也很容易引发撞车事故，特别是轧在凹凸状的中央车线上（在转弯处经常能看到）伴随着喀喀声音通过的车辆。

图 11-37　频繁变换车道危险多

图 11-38　在转弯处不得轧中央车线

第三节　安全行车的注意事项

01　稳

　　汽车行驶方向要稳，如图 11-39 所示。修正方向，左手与右手的动作要平衡、协调配合，要避免转向盘不必要的转动，以减少汽车左右晃动。

　　汽车转弯时，驾驶人要稳打转向盘，使其自然过渡，避免侧滑或翻车。方向转过后，要早回、慢回转向盘，直到汽车直线行驶。

　　道路不平时，驾驶人要把稳转向盘，在不平道路上驾驶汽车，驾驶人要尽量不让身体随汽车摆动或跳动，以防汽车转向失去控制。

　　在雨、雪、泥泞道路上，驾驶人要握稳转向盘。驾驶人要尽量保持直线行驶，不可过多地来回转动转向盘，不可急转、猛转转向盘，要早转、少转转向盘。否则，易造成汽车侧滑。

图 11-39　转向使用要稳

02　准

首先，驾驶人的驾驶姿势和操作动作要准。驾驶人驾驶汽车时要两眼平视正前方，保持正确的驾驶姿势，双手应握实转向盘，但不可握得过紧，也不可握得过松。起步和行驶过程中换档、操纵离合器踏板与加速踏板的双脚的配合时机要准，变速杆的推、拉要准确到位，手脚配合要一致协调。行驶中，严禁驾驶人低头注视变速杆。其次，汽车行驶时对两车之间的安全距离和汽车制动时制动距离要判断准，如图 11－40 所示；汽车与同向或逆向行驶车之间的侧向安全距离要根据车速和路面情况判断准，跟车行驶时，两车之间的安全距离要根据天气、路况和车速保持准；制动停车距离要根据车速和附着系数预测准。

图 11－40　跟车距离应判断准

03　狠

汽车紧急制动时要狠，如图 11－41 所示。汽车在行驶中，当遇到预想不到或事先没有发现的紧急情况时，为避免事故的发生，驾驶人踩制动踏板时要狠（踩到底）。同时，用力拉紧驻车制动操纵杆（大车），使汽车立即停住。

图 11－41　紧急制动时要彻底到位

第四节　自驾旅游安全常识

01　出行之前的检查事项

1）首先检查机油是否在油尺刻度的中上限，而且还要注意的是发动机底

183

部是否有漏油的痕迹。

2）检查散热器中的冷却液是否加满。

3）检查制动液的液面是否在油罐的中高位置，正常状态下制动液是清澈的，如果发黑则应该及时更换。

4）检查轮胎及备胎的气压是否正常。另外，轮胎的磨损程度也是非常重要的，如果磨损程度过高，在高速行驶时很容易爆胎。

5）随车工具要齐全，如千斤顶、扳手（小问题修车工具）等，如图11-42所示。

6）最后，出发前请务必检查好随车证件（带上购置税证）和个人证件。

图 11-42　随车工具携带齐备

买一本最新出版的交通图，在图上标明自己将要走的路线。标出路过的城市，选好休息和加油的地方。

02　出行途中的注意事项

1）切忌空档滑行与长时间制动。在下长坡时一定不能空档滑行，关于空档滑行的危害此处不做过多介绍，在这里只强调如果长时间处于下坡路段，驾驶人在控制车速时若频繁使用制动踏板，轻者使制动效能降低，重者则使制动失灵，正确的做法是：挂上所需车速的档位，充分利用发动机的牵阻作用控制车速，这样可以有效地避免频繁踩制动踏板。

2）安全涉水。如果旅途中遭遇需要涉水的路况时，首先要考虑的是水面是否超出车辆的通行能力，对于大多数轿车来说，当水深超过汽车轮胎高度一半时，就不宜冒险涉水。如果必须通过，则必须以低速档匀速行驶，驾驶中要保持发动机有足够的动力，避免中途停车、换档或急转转向盘。驶出水面时，低速行驶一段时间，并轻踏几次制动踏板，让制动蹄片与制动鼓发生摩擦，使附着的水分受热蒸发，待制动效能恢复后，再转入正常行驶。

3）加油时要特别注意，必须在大地方的正规加油站，不要贪图便宜在

图 11-43　在小地方加油风险大

小地方加油，如图 11 - 43 所示。有些小的私营加油站的油质很差，一旦堵塞油管，特别是在高速公路上行驶，是相当麻烦的事情。

4）严防疲劳驾驶。长途驾驶时，首先应该避免疲劳驾驶。疲劳驾驶是造成意外发生的主要原因之一。有副驾驶的，每 2h 轮换一次为佳，如果驾驶人感到困倦，应该停车小歇片刻，千万不要勉强赶路。

03　出行之后的检查事项

1）检查转向系统与制动系统。当长距离行驶后，受路面或当地气候条件等影响，往往会使转向拉杆和轴承上的防尘附件受到损伤，导致转向系统不灵活或自动回位不够好，所以，驾驶人要做下检查。

2）检查或清洗油路。远距离出行，各地加油站的油品质量参差不齐，如果遇到汽油品质的相关问题，如汽油中胶质含量过多、标号不够等，就会造成加油后汽车加速不良、油耗上升、尾气不合格等现象，很容易使三元催化器失效。因此，遇到上述状况时，驾驶人就要对油路、燃油箱和喷油器进行清洗。

图 11 - 44　到专业机构检查四轮定位

3）检查胎压与磨损。当长距离行驶后，驾驶人一定还要测定一下轮胎的气压与检查磨损程度，如果某胎的胎压偏小，则应该细心地留意下是否轮胎有破损的地方，然后根据具体的情况选择修补还是换胎。如果自驾的距离过长或路况复杂，最好做一次四轮定位，如图 11 - 44 所示。

附 录

附录 A　科目一试题精选

一、驾驶证申领及车辆登记

二、交通信号灯

三、通行规则

四、车辆驾驶基础

五、交通安全违法及交通事故

六、法律责任

附录 B　安全文明驾驶常识试题精选

一、安全装置

五、紧急情况避险及意外情况处置

二、交通信号的应用

六、动画试题

三、驾驶职业道德及案例分析

七、多选试题

四、不同道路驾驶